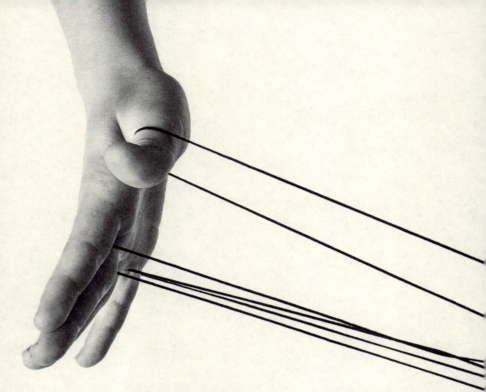

FALANDO COM PAIS E MÃES

WINNICOTT

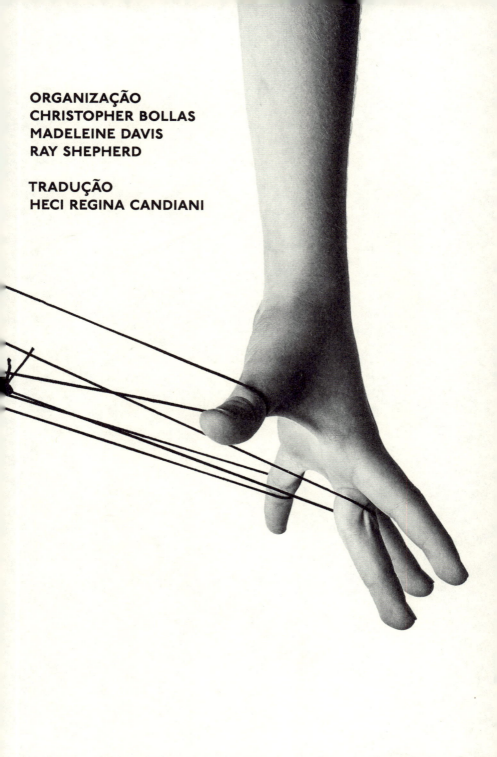

**ORGANIZAÇÃO
CHRISTOPHER BOLLAS
MADELEINE DAVIS
RAY SHEPHERD**

**TRADUÇÃO
HECI REGINA CANDIANI**

7   Prefácio à edição brasileira
    PAULO BUENO

13 Nota dos organizadores

17 Introdução – Sobre ler Winnicott
    T. BERRY BRAZELTON

21 1. Educação em saúde por radiodifusão
27 2. Para madrastas e padrastos
34 3. O que sabemos sobre bebês que chupam panos?
40 4. Dizer "Não"
58 5. Ciúme
81 6. O que incomoda?
101 7. Segurança
108 8. Sentimento de culpa
117 9. O desenvolvimento da noção de certo e errado em uma criança
122 10. Agora elas têm cinco anos
132 11. A construção da confiança

147 Índice remissivo
153 Sobre o autor

PREFÁCIO À EDIÇÃO BRASILEIRA
PAULO BUENO

Como proceder diante da birra? Qual o momento correto para iniciar o processo de desmame? E o de desfralde? Chupeta, pode? É normal sentir ciúmes da irmã mais nova? Não é neste livro que encontraremos respostas fáceis para perguntas tão complexas. Tal complexidade se deve ao fato de que essas questões concernem a cada um de nós, concernem à nossa própria infância e às nossas inseguranças na assunção do papel parental.

Winnicott tem ciência de que essas perguntas não se conformam à fixidez de respostas padronizadas. O autor tem uma posição ética bastante responsável no que diz respeito à difusão do saber pediátrico em meios de comunicação dirigidos ao grande público – lembremos que este livro é uma reunião de conferências veiculadas na rádio BBC. Quando o especialista toma a palavra publicamente para tratar das questões que envolvem a criação de uma criança, ele não pode adotar um discurso de condenação de práticas, tampouco determinar o modo como pais e mães devem proceder.

A crítica se sustenta no fato de que os ouvintes não estão em condições de responder, discordar ou questionar. O que nos traz a compreensão de que a relação transferencial é fundamental quando está em jogo o saber que se constrói entre o especialista e os cuidadores. Primeiramente, porque é um saber particular que provém do encontro entre pai, mãe e bebê, de modo que não é estandardizável. Segundo, porque o assunto produz intensos afetos naqueles que estão intimamente envolvidos com a função de cuidados, de modo que seria, no mínimo, leviano valer-se de um lugar de suposição de saber para definir regras de conduta, sem um acompanhamento sistemático da família.

O caminho não é a doutrinação, mas auxiliar os ouvintes – agora leitores – a compreenderem aquilo que fazem, capacitando-os a levantar hipóteses sobre o que os teria motivado a agir de tal ou qual jeito. A premissa é a de que fizeram o possível naquela circunstância. De modo que qualquer profissional que se arvore o direito de prescrição de condutas deverá ser descredibilizado, pois é impossível fazer uma leitura minuciosa das circunstâncias em que a decisão foi tomada. Muitas vezes, é uma situação que envolve uma mãe que a um só tempo verifica a panela no fogão, participa de reunião de trabalho através de videochamada, responde a e-mails, coloca a roupa para lavar e repreende a desobediência da filha.

Aqui, a força do postulado de Milan Kundera se revela.[1] Para o autor, é impossível verificar se a decisão tomada foi correta, pelo fato de não haver medida de comparação. Não há uma vida anterior à atual para ponderarmos sobre o caminho mais adequado. No teatro do vivido, o ensaio coincide com a estreia e com a apresentação final. Não nos é dada a possibilidade de testar dada situação para, em seguida, viver efetivamente. Na criação de filhos é como se disputássemos uma medalha olímpica numa modalidade esportiva que nunca, antes, havíamos treinado.

Para Winnicott, se (nós, profissionais) fôssemos honestos, admitiríamos que, na melhor das hipóteses, conseguiríamos ter a mesma conduta que os pais e as mães os quais criticamos, mas a tendência seria a de fazermos ainda pior. Trata-se de um posicionamento, sobretudo ético, de compreensão das dificuldades que recaem sobre quem se encarrega cotidianamente dos cuidados infantis. Nesse sentido, o livro é de grande interesse para profissionais que acolhem crianças e suas famílias nos con-

---

[1] Cf. Milan Kundera, *A insustentável leveza do ser* [1984], trad. Tereza de Carvalho. São Paulo: Companhia das Letras, 2008, pp. 13-14.

sultórios de psicanálise, pediatria, psicoterapia, fonoaudiologia etc. Bem como para quem atua no campo socioassistencial e nas instituições de educação.

Trata-se de uma posição que vai na contramão da tendência atual de eleição de especialistas que definem padrões de certo e errado, numa instrumentalização de saberes que garantiria determinados resultados. O que alimenta essas práticas, nos dirá o autor, é o sentimento de culpa de pais e mães que buscam qualquer um que esteja investido de autoridade para responder às suas questões. Por outro lado, a cultura promove a proliferação e amplificação de discursos que garantem o lugar de autoridade aos "peritos" da parentalidade. Essas tentativas de completo recobrimento das angústias de pais e mães tendem ao fracasso. A incidência da psicanálise no campo da parentalidade é marcada pela escuta dos ruídos e dissonâncias que surgem desses fracassos.[2]

Mais adequado do que sugerir condutas a serem tomadas é contribuir para que pais e mães reflitam sobre o que estão fazendo. Para que, assim, possam se haver com sua participação na situação, tomando decisões menos reativas, de tal modo que os conselhos sejam substituídos por busca de informações a respeito do desenvolvimento e da educação de filhas e filhos. Tais informações, entretanto, não serão buscadas no momento do ato decisório. Como bem aponta Winnicott, não dá tempo de consultarmos um livro na hora em que somos intimados a agir. Se assim o fizermos, estaremos sempre atrasados. Mesmo na atualidade, em que – por um deslizar de dedos – conseguiríamos acessar uma enorme quantidade de informações através do aparelho celular, estaríamos atrasados. O atraso se faz no breve átimo em que

---

2   Cf. Vera Iaconelli, "Sobre as origens: muito além da mãe", in *Parentalidade*. Belo Horizonte: Autêntica, 2020.

desviamos os olhos da criança em direção ao dispositivo eletrônico. Pois trata-se de um outro tempo: não mais o do ponteiro do relógio, mas a temporalidade das relações. A referência para tais decisões é Outra, está na criança que fomos, nos adultos que, na incumbência de cuidarem de nós, foram suficientemente bons.

Alguns capítulos do livro se organizam de uma forma bastante interessante. Na primeira parte é apresentado um bate-papo entre mães sobre um determinado assunto e, na sequência, Winnicott tece suas considerações. Um capítulo, em particular, que merece destaque é o que aborda a importância da escolha do momento de dizer "Não" para os filhos e as filhas. Na conversa, as mães defendem diferentes posições. Há uma que entende que a criança deve se sentir livre para explorar seus interesses e desenvolver sua curiosidade. A partir dessa fala, inicia-se uma calorosa discussão, bem argumentada, que traz à tona cenas cotidianas, envolvendo o perigo de: tomadas elétricas, panelas no fogão e uso do fósforo. A vivacidade do debate faz remeter aos conflitos experimentados por cada um de nós no exercício da parentalidade. O único consenso extraído da disputa é sobre o peso resultante do acúmulo de funções domésticas. O diálogo ocorreu em 1960, mas certamente se aplica a grande parte dos lares brasileiros, em que vemos mães e, eventualmente, avós sobrecarregadas por esses cuidados. Winnicott é sensível a tal sobrecarga nos comentários que tece logo após a conversa. De forma bastante fluida, traz alguns pontos de sua concepção teórica acerca do desenvolvimento da criança, mostrando as transformações do "Não" nas distintas fases da criança. E sabemos quão difícil é sustentar o "Não" diante de uma criança que cisma com algo.[3]

---

3   Cf. Paulo Bueno, "A birra e a cisma", in *Coisas que o Pedro me ensina*. São Paulo: Editora 106, 2022.

O tempo parental é vivido como eternidade. Se a criança não dorme bem por uma semana, tem-se a impressão de que terá um sono perturbado pelo resto da vida. E o mesmo se aplica ao desfralde, ao desmame, às cólicas etc. O expediente utilizado por Winnicott de segmentar em etapas tais comportamentos traz um grande alento para quem não consegue visualizar o fim desses períodos. Do mesmo modo que a introdução da proibição através da palavra "Não" possui etapas, o ciúme da criança em relação à mãe e ao pai também possui. É importante que o responsável pelo ambiente da criança possa distinguir que o mesmo fenômeno é vivido de forma completamente diferente pela criança a depender do momento de vida em que ela se encontra.

O estado emocional da criança não é o único a ser levado em conta; também se dedica atenção ao nascimento parental. Pai e mãe não nascem na fecundação de um óvulo: é um processo, bem como a criação do vínculo amoroso com o bebê. Trata-se, portanto, de uma concepção não biologizante da parentalidade,[4] que inclui as contingências biográficas do casal parental como partícipes da construção desse ambiente. Isso nos leva a compreender que as condições de fornecimento de um ambiente suficientemente bom são circunstanciais. Ou seja, a biografia daqueles que se encarregam dessa função é atravessada pelas vicissitudes de classe, raça e gênero ligadas a um determinado período histórico. O autor reconhece, inclusive, os limites de ação do profissional diante da mãe que, com muitos filhos, se aperta num apartamento que mais parece uma caixa de sapatos.

---

4   Cf. Donald Winnicott, "Preocupação materna primária", in *Da pediatria à psicanálise*, trad. Davy Bogomoletz. São Paulo: Ubu Editora, 2021.

Um dos programas foi dedicado exclusivamente à temática das madrastas e dos padrastos, revelando que o livro se dirige à comunidade parental da criança de forma ampliada. O que Winnicott busca mostrar é que o enteado traz consigo uma história que colidirá com a idealização da madrasta, do projeto de vida que ela construiu quando tomou a decisão de unir-se a alguém com filhos. Do mesmo modo que o filho nascido abala a imagem idealizada do pai que sonhei ser, o enteado real abala a imagem de padrasto que eu queria ser. Se na época em que o programa foi ao ar essa temática já portava grande interesse, atualmente aparece como urgente e necessária, tendo em vista as constantes reconfigurações familiares.

O que se depreende ao longo da leitura é a rara habilidade de Winnicott em mirar para dois públicos distintos: as pessoas que assumem as funções da parentalidade e os profissionais que atendem famílias e crianças. Equilibra seu discurso na direção desses públicos com maestria, colocando no centro do debate a criança e seus processos de amadurecimento. É um texto muito bem-vindo em tempos de hiperpatologização do comportamento infantil.

PAULO BUENO é psicanalista, psicólogo, mestre e doutor em Psicologia Social pela Pontifícia Universidade Católica de São Paulo (PUC-SP). É também coordenador do módulo "Psicanálise e Sociedade" do Instituto Gerar, professor convidado da Dart Fellowship 2021/22 (Columbia University) e autor de *Coisas que o Pedro me ensina: crônicas de uma paternidade* (Editora 106, 2022).

NOTA DOS ORGANIZADORES

Entre 1939 e 1962, Donald Winnicott fez cerca de cinquenta apresentações para a BBC, quase todas dirigidas aos pais. Transcritas, elas revelaram alguns de seus textos mais lúcidos e convincentes. Uma coletânea das primeiras apresentações, transmitidas perto do fim da guerra e tendo Janet Quigley como produtora, deu origem a um livreto intitulado *Getting to Know Your Baby* [Conhecendo seu bebê]. Outra série, datada de 1949 a 1950, sob a produção de Isa Benzie, foi publicada em um livreto semelhante chamado *The Ordinary Devoted Mother and Her Baby* [A mãe dedicada comum e seu bebê]. Ambos se esgotaram depressa. Embora Winnicott não tenha usado seu nome nos programas, devido às regras que proibiam médicos de realizar propagandas, o público cresceu e houve muitos pedidos para que as apresentações fossem relançadas. Foi então que elas se tornaram a base de um livro intitulado *The Child and the Family* [A criança e a família], editado por Janet Hardenberg e lançado pela Tavistock Publications;[1] algumas outras apresentações, principalmente sobre a evacuação [de crianças] durante a guerra, foram incluídas no volume suplementar *The Child and the Outside World* [A criança, a família e o mundo externo]. Em 1964, a Penguin Books decidiu publicar uma seleção desses dois volumes sob o título *The Child, the Family, and the Outside World*, que incluía quase todas as apresentações publicadas até aquele momento.

---

[1] Nos Estados Unidos, publicado pela Basic Books sob o título *Mother and Baby: A Primer in First Relationships*.

NOTA DOS ORGANIZADORES

No fim de 1968, 50 mil exemplares da edição da Penguin tinham sido vendidos, e Winnicott escreveu um breve discurso para uma festa de comemoração desse marco. No texto, ele conta como, para algumas das primeiras apresentações, ele foi à BBC em Langham Place "dirigindo seu carro sobre os vidros e escombros do bombardeio aéreo da noite anterior". Ele prossegue dizendo o quanto foi ajudado na longa série de apresentações de 1949-50 por Isa Benzie, que lhe transmitia o entusiasmo e a confiança que depositava no trabalho dele e que, nas palavras de Winnicott, "extraiu a expressão 'mãe dedicada comum' daquilo que eu tinha dito". Ele continua: "Esse imediatamente se tornou um gancho e satisfez minha necessidade de me afastar tanto da idealização quanto do didatismo e da propaganda. Pude continuar com a descrição dos cuidados maternos tal como são praticados inconscientemente por toda parte".

É interessante que Winnicott também especifica que depois da guerra ele não retomou a prática da pediatria (embora ainda mantivesse consultórios psiquiátricos para crianças) e, consequentemente, já não estava em contato tão próximo quanto antes com uma grande quantidade de material diário relativo à interação mãe-criança. Para essas apresentações, portanto, ele considerou necessário "reacender a chama clínica" usando material de "experiências regressivas de pacientes psicanalíticos, muitos deles adultos, que estavam me oferecendo ver de perto o relacionamento mãe-bebê (ou pais-bebê)". "Na época desses programas da BBC no final dos anos 1940", escreveu ele,

> eu estava em uma posição única, sendo capaz de entender meus pacientes tanto em termos pediátricos como de um tipo de psicanálise que me era peculiar. Naturalmente, ao falar no rádio eu precisava me limitar à linguagem da pediatria, embora seja

possível perceber que a pediatria, para mim, havia se tornado um espaço para o estudo do laço emocional mãe-bebê, pressupondo (como geralmente se faz) a saúde física. Passei da 'alimentação do bebê' para 'o envolvimento mútuo bebê-mãe'.

O livro *The Child, the Family, and the Outside World*, de Winnicott, manteve sua popularidade e ainda vende milhares de exemplares por ano. Recentemente, foi republicado nos Estados Unidos pela Addison-Wesley.

    O presente volume, *Falando com pais e mães*, reúne todas as apresentações de rádio posteriores a 1955. Apenas dois deles já haviam sido publicados: "Agora elas têm cinco anos" (sob o título "A criança de cinco anos") e "Segurança" (sob o título "Sobre segurança") no livro de Winnicott *Família e desenvolvimento individual*. Nós os incluímos aqui visando reunir o material completo. Também fazem parte dois artigos que não foram escritos para radiodifusão: "Educação em saúde por radiodifusão" é usado como capítulo introdutório porque expõe muito claramente os objetivos de Winnicott ao fazer suas apresentações pelo rádio; acrescentamos "A construção da confiança" porque foi escrito para os pais (algo raro para Winnicott fora do rádio), ainda não havia sido publicado e, sendo datado de seus últimos anos de vida, contém muitas das ideias essenciais sobre as crianças e os pais que ele desenvolveu ao longo de sua vida profissional. Não conseguimos descobrir exatamente para qual público o texto foi redigido.

    A organização e a edição dos artigos foram quase todas realizadas com a ajuda de Clare Winnicott antes de sua morte em 1984. A edição foi mínima: praticamente não foi necessário editar as apresentações de rádio, que parecem ter sido escritas por Winnicott antes de serem transmitidas; elas foram encontradas como textos datilografados entre muitos outros papéis deixados por ele. As exceções são as duas apresentações voltadas às madrastas e a conversa com Claire Rayner sobre "Sentimento de culpa". Estas foram transcritas a partir de fitas e a qualidade do texto não é exatamente a mesma. Isso também se aplica às conversas entre mães que aparecem como capítulos centrais do volume ("Dizer 'Não'", "Ciúme" e "O que incomoda?"). Para esses programas, as mães foram convidadas a ir à BBC, suas conversas foram gravadas e Winnicott as comentou em um dia diferente; e aqui a natureza não ensaiada do que foi dito se torna um ingrediente essencial do todo.

CHRISTOPHER BOLLAS
MADELEINE DAVIS
RAY SHEPHERD
Londres, 1992

INTRODUÇÃO
SOBRE LER WINNICOTT
T. BERRY BRAZELTON

Ler estes textos de D. W. Winnicott é como retornar a uma fonte refrescante depois de uma caminhada no deserto. Cada um deles é uma experiência completamente recompensadora e prazerosa.

 O simples fato de Winnicott escolher se dirigir a pais e mães pelos meios de comunicação é de grande interesse. Afinal de contas, sua "mãe dedicada comum" é aquela que pratica os cuidados maternos sem nem se dar conta. Esse programa de rádio com suas ideias sobre a educação de crianças poderia ser visto como uma ostentação de sua filosofia. Mas, como de hábito, ele acaba com a dúvida de imediato. Não está tentando instruir, e sim ajudar pais e mães a compreender o que fazem e, em seguida, justificar por que fizeram o que fizeram. Uma afirmação como "só nos resta perceber que teríamos feito a mesma coisa ou teríamos feito pior" exemplifica seu modo simples, mas poderoso, de apoiar pais e mães por seus pontos fortes, ao contrário do tom autoritário que costumamos encontrar entre especialistas de cuidados parentais, que com destreza dizem o que não fazer.

 Admirei e estudei Donald Winnicott durante toda minha vida profissional. O modo como ele conjuga uma abordagem pediátrica normativa com a psicanálise fez dele um exemplo para mim, desde muito tempo atrás. Seus insights brilhantes são baseados em uma profunda compreensão dos processos cuidador-bebê combinada com uma firme convicção de que a maioria dos pais e das mães quer desesperadamente fazer o que é bom para suas crianças. Estes ensaios estão pontuados por suas interpretações encorajadoras. Os pais se sentirão libertados e confiantes diante delas, pois são comunicadas com toda a sinceridade e com sua sagacidade agradavelmente peculiar.

Como ele esclarece, o propósito destas apresentações não era explicar a pais e mães o que fazer, mas (1) desintoxicar a ciência da criação dos filhos, (2) dar-lhes confiança no que estivessem fazendo e (3) libertá-los da busca individual por ajuda quando enfrentassem um obstáculo nos cuidados parentais de suas crianças. Ele enfatiza repetidas vezes o instinto dos pais e das mães para fazer a coisa certa, junto com a culpa e a ambivalência inevitáveis que fazem deles os pais sensíveis que são. Winnicott não teme o senso comum honesto: "Um encontro entre padrastos e madrastas malsucedidos [...] pode ser frutífero. Seria composto de homens e mulheres comuns". Afinal, ser padrasto e ser madrasta são papéis inevitavelmente frustrantes.

No ensaio sobre crianças que chupam o dedo, ele dá a melhor justificativa que já vi. Chupar o dedo é o primeiro uso que o bebê faz da imaginação. A experiência real de chupar o dedo é enriquecida pelo seio ou mamadeira imaginados. Por que alguém privaria o bebê de sua primeira experiência de criar o próprio objeto afetivo?

Essas apresentações reduzem ao essencial os passos simples que conduzem aos objetivos parentais que ele está discutindo. Por exemplo, os três estágios de dizer "Não" começam com a necessidade de os pais assumirem plena responsabilidade pelos limites da criança (primeiro ano), por ensinar a ela a palavra "Não" e palavras associadas ao perigo, como "quente" (segundo ano) e, em seguida, devolver a responsabilidade para a criança, ampliar sua experiência de fazer escolhas e sua habilidade para incorporar esses limites, oferecendo explicações verbais (terceiro ano).

Tomemos outra questão muito cara a pais e mães: "Como o ciúme desaparece?". Na explicação perfeitamente concisa de

Winnicott percebemos como o ciúme acaba mitigado pela identificação com a mãe protetora ciumenta e com os sentimentos dela, através do uso da própria imaginação (empatia) para assumir a perspectiva do outro.

Creio que meu favorito é o texto sobre "o que incomoda" em ser pai ou mãe. Esse capítulo ajudará todos os pais a encararem seus sentimentos negativos como normais e até mesmo saudáveis. Winnicott nos lembra que o que dá errado é sempre incômodo; e o que dá certo é ignorado. Portanto, é claro que o dia a dia dos pais se torna carregado de detalhes incômodos da vida cotidiana. "As crianças continuarão sendo um estorvo e as mães continuarão felizes por terem tido a oportunidade de serem as vítimas."

Este é um livro breve e bonito. Winnicott condensa a natureza essencial de ser pai e mãe. O capítulo 8, por exemplo, é concluído com a provocativa ideia de que, sem culpa e ambivalência, ninguém seria sensível às necessidades da criança. Ele de fato infunde no público leitor uma compreensão dos desafios dos cuidados parentais, mas também faz seus ouvintes sentirem que ser uma "mãe suficientemente boa" é um dos papéis mais gratificantes que se pode almejar. Um gênio!

T. BERRY BRAZELTON (1918–2018) foi um pediatra, professor e pesquisador norte-americano, autor de mais de vinte livros e criador da *Neonatal Behavioral Assessment Scale* (NBAS – Escala de Avaliação do Comportamento Neonatal). Também foi apresentador do programa de TV *What Every Baby Knows* [O que todo bebê sabe], transmitido nos Estados Unidos entre 1983 e 1995.

1

EDUCAÇÃO EM SAÚDE POR RADIODIFUSÃO
[1957]

Este artigo foi escrito a convite.[1] O tema da educação em saúde por radiodifusão é de meu interesse já que, de tempos em tempos, tenho feito apresentações de rádio destinadas aos pais. Mas deve ficar claro que não sou particularmente a favor da educação em saúde de forma massificada. Quando uma audiência é ampla, contém muitas pessoas que não estão ouvindo com o propósito de aprender, mas apenas por acaso ou por entretenimento, ou talvez até enquanto estão se barbeando ou fazendo bolos, sem dispor de uma mão desocupada para trocar de emissora. Nessas condições, deve-se, é claro, ter sérias dúvidas quanto à transmissão de qualquer coisa importante.

Pode-se fazer uma comparação com as transmissões de rádio em escolas, onde crianças em determinadas idades ficam sentadas, devida e moderadamente ocupadas, mas sem dúvida aguardando que durante certo período receberão instruções apresentadas em tom interessante pelo rádio. O apresentador que deseja falar sobre saúde não tem a vantagem de uma audiência especial.

---

1   Publicado originalmente em *Mother and Child*, n. 28, 1957.

I. EDUCAÇÃO EM SAÚDE POR RADIODIFUSÃO

Refiro-me à educação em saúde em termos de psicologia, e não à educação em temas de saúde física, de prevenção e tratamento de doenças. Muito do que tenho a dizer, no entanto, poderia ser aplicado a qualquer conversa sobre saúde, porque me parece que toda a educação em saúde é psicológica. Aquelas pessoas que ouvem uma fala sobre reumatismo ou doenças do sangue não o fazem porque têm interesse científico no tema, ou pela avidez por fatos; elas o fazem pois têm um interesse mórbido por doença. Parece-me que, no que se refere à educação de pessoas em questões de saúde, isso se aplica independentemente do veículo usado, exceto pela complicação de que, no caso do rádio, deve-se esperar que a maioria das pessoas que estão ouvindo não tem interesse em receber ensinamentos sobre nada e está apenas aguardando que a música recomece. Talvez eu esteja difamando quem ouve, mas, de qualquer modo, estou expressando uma dúvida que tenho todas as vezes que a voz otimista e tranquilizadora do médico dá uma palestra animadora sobre o fator Rhesus, artrite reumatoide ou câncer.

No entanto, desejo de fato fazer uma sugestão construtiva em relação à radiodifusão de temas de saúde. É lamentável que haja qualquer espécie de propaganda ou imposição sobre o que as pessoas devem fazer. Trata-se de um insulto doutrinar as pessoas, mesmo que para seu próprio bem, a menos que elas tenham oportunidade de estar presentes para reagir, expressar desaprovação e contribuir.

Existe alguma alternativa que podemos aceitar? O que se pode fazer como alternativa é tentar controlar as coisas comuns que as pessoas fazem e ajudá-las a compreender o por quê. A base dessa sugestão é a ideia de que muito do que as pessoas fazem é sensato diante das circunstâncias. É impressionante como, quando se ouvem repetidamente as descrições das mães sobre o cuidado com as crianças dentro de casa, ao final, chega-se à sensação de que não se pode dizer aos pais o que fazer; pode-se apenas perceber que talvez a gente fizesse a mesma coisa, ou algo pior, naquelas circunstâncias.

    O que as pessoas gostam de fato é de serem compreendidas pelos problemas que estão enfrentando e gostam de ser conscientizadas de coisas feitas intuitivamente. Sentem-se inseguras quando abandonadas a seus palpites, às coisas que lhes ocorrem no momento crítico, quando não estão pensando com clareza. Os pais podem ter dado uma palmada, um beijo ou um abraço na criança, ou podem ter dado risada. Algo apropriado aconteceu. Era a coisa certa, nada teria sido melhor. Ninguém poderia ter dito a esses pais o que fazer naquelas circunstâncias, porque as circunstâncias não poderiam ter sido descritas antecipadamente. Depois, no entanto, os pais se veem discutindo e imaginando coisas, muitas vezes não têm noção do que vinham fazendo e se sentem confusos com o problema em si. Em um momento assim, tendem a sentir culpa e correm para qualquer pessoa que fale com autoridade, que dê ordens.

    A educação pode compreender tudo o que as pessoas fazem e fizeram de fato, e de modo adequado, desde que o mundo começou a ter seres humanos que são humanos. Se é possível mostrar às pessoas o que elas estão fazendo, elas se tornam menos assustadas e se sentem mais autoconfiantes – de modo que, quando estão verdadeiramente em dúvida ou cientes de seu desconhecimento, não buscam conselhos, mas informação. O motivo pelo qual buscam informação é que começam a ter uma ideia de onde buscá-la. Elas começam a perceber que é possível adotar uma abordagem objetiva em relação aos assuntos da mente, do sentimento, do comportamento, e se tornam menos desconfiadas da ciência, mesmo quando esta invade áreas que até pouco tempo haviam sido propriedade exclusiva da religião.

Eu pensaria que há muito a ser feito nesse tópico de captar o que as pessoas sentem, pensam e fazem, construindo sobre essa base um debate ou um ensinamento que contribua para uma melhor compreensão. Dessa forma, a informação pode ser transmitida sem que ocorra um enfraquecimento da autoconfiança do público ouvinte. A dificuldade é que as pessoas que ensinam dessa maneira saibam o suficiente e saibam quando são, elas mesmas, ignorantes.

Às vezes, a radiotransmissão de uma conversa com os pais dá a entender: "Você deve amar a criança; se não a amar, a criança se tornará delinquente"; "Você precisa amamentar seu bebê no peito; precisa desfrutar da amamentação de seu bebê; essa precisa ser a coisa mais importante da sua vida"; "Você precisa amar seu bebê assim que ele nasce; não é natural não amar seu bebê" e assim por diante. É muito fácil dizer todas essas coisas, mas, na verdade, se forem ditas, produzem efeitos deploráveis.

Seria útil assinalar para as mães que às vezes as mães não amam seus bebês logo no início, ou mostrar por que as mães frequentemente se veem com dificuldade para amamentar os bebês no peito, ou explicar por que o amor é um assunto complexo, não apenas um instinto.

Gostaria de acrescentar ainda que não é possível, quando se fala pelo rádio, lidar com grandes anormalidades, nem na mãe nem na criança, especialmente anormalidades nos pais. Não faz sentido dizer às pessoas que estão em dificuldades que elas estão doentes. Quando pessoas doentes pedem ajuda, precisamos usar a oportunidade para socorrê-las no que nos é possível, mas facilmente podemos causar sofrimento se fizermos com que elas se sintam doentes sem estarmos disponíveis para terapia.

Quase todos os conselhos dados no ar causam angústia em algum lugar. Recentemente, falei sobre contar a crianças adotadas que elas são adotadas. Eu sabia, é claro, que corria o risco de causar angústia. Sem dúvida, causei preocupação em muitas pessoas, mas uma mãe que havia escutado veio até mim de muito longe e me disse exatamente por que seria muito perigoso, *nas circunstâncias*, dizer à sua filha adotiva que ela era adotada. Tive de concordar, embora, em princípio, eu saiba que é correto contar às crianças adotivas que elas foram adotadas, e fazer isso o mais depressa possível.

Se dizemos às mães para fazerem isso ou aquilo ou aquilo outro, elas logo ficam confusas e (o mais importante de tudo) perdem contato com a própria habilidade de agir sem saber exatamente o que é certo e o que é errado. E logo se sentem incompetentes. Se elas precisarem pesquisar tudo em um livro ou ouvir no rádio, elas estarão sempre atrasadas, mesmo que façam a coisa certa, porque as coisas certas devem ser feitas na hora. Só é possível agir no momento exato quando a ação é intuitiva ou instintiva, como dizemos. A mente pode ser empregada contra o problema depois, e quando as pessoas analisam as coisas, nossa tarefa é ajudá-las. Podemos discutir com elas o tipo de problema que enfrentam, o tipo de ação que adotam, e o tipo de efeito que podem esperar dessas ações. Isso não precisa ser o mesmo que lhes dizer o que fazer.

Por fim: há espaço para a instrução formal sobre psicologia infantil no rádio? Duvido que estejamos prontos para dar instruções desse tipo. Lembro-me também que, ao dar instruções a grupos de estudantes (assistentes sociais, por exemplo, mas também docentes de pós-graduação ou médicos) sabemos que essas instruções não podem ser dadas de forma vaga, mas que precisam ser transmitidas com uma estrutura formal. Talvez,

I. EDUCAÇÃO EM SAÚDE POR RADIODIFUSÃO

por um período, tais estudantes estejam recebendo instrução; têm a oportunidade de discutir entre si o que lhes foi dito e de ler, e têm a oportunidade de expressar desacordo ou de contribuir. Mesmo nessas circunstâncias favoráveis, uma parcela dessas pessoas que estão recebendo a instrução terão dificuldades pessoais a enfrentar, dificuldades trazidas pelas novas ideias, pela nova abordagem e pelo ressurgimento de memórias difíceis e fantasias reprimidas. Elas terão de lidar com novos estímulos e com o rearranjo da própria filosofia de vida. A instrução em psicologia não é como a instrução em física ou mesmo em biologia.

A instrução dos pais poderia ser feita, sem dúvida, em uma situação cuidadosamente controlada, mas a instrução dada pelo rádio não entra nessa categoria. Se for dada, deve ser de uma espécie bastante restrita, recuperando as coisas boas que acontecem com as pessoas comuns. Nessa linha, no entanto, muito pode ser feito, e é de esperar que continue sendo a política da BBC prestar um serviço social reservando tempo para a educação em saúde que leve em consideração as dificuldades inerentes à radiodifusão.

2

PARA MADRASTAS E PADRASTOS
[1955]

A MADRASTA MALVADA

Às vezes se sugere que, se não fosse pelos contos de fadas, ideias como a da madrasta malvada jamais surgiriam.[1] Eu mesmo tenho certeza de que isso está errado e que é mais verdadeiro dizer que nenhum conto de fadas ou, aliás, nenhum quadrinho de horror

---

[1] Em 3 de janeiro de 1955, foi transmitida uma apresentação no programa *Woman's Hour* [Momento da mulher], da BBC, por uma madrasta, contando de forma vívida e comovente como sofreu por ser incapaz de amar o enteado, que se juntou à sua família quando tinha sete anos de idade. A BBC recebeu um enorme número de cartas após essa transmissão, contando experiências semelhantes e diferentes de exercer o papel de madrasta e, em geral, indicando que valia a pena aprofundar o assunto. Como resultado, a BBC reservou três segmentos do *Woman's Hour* com esse objetivo nos dias 6, 7 e 9 de junho. O primeiro deles consistiu em uma série de perguntas e respostas entre um especialista e uma madrasta. Os dois segmentos seguintes foram apresentações feitas por Winnicott, reproduzidas aqui. Ambas foram transcritas de fitas; como resultado, a pontuação teve de ser acrescentada.

2. PARA MADRASTAS E PADRASTOS

pode ter um apelo universal, a menos que trate de algo que seja inerente a cada indivíduo, adulto ou criança. O que o conto de fadas faz é captar algo que é verdadeiro, assustador e inaceitável. Sim, a tríade inteira: verdadeiro, assustador e inaceitável. Pequenos fragmentos do inaceitável na natureza humana se cristalizam no mito aceito. A questão é: o que se cristaliza no mito da madrasta malvada? Seja o que for, diz respeito ao ódio e ao medo, bem como ao amor.

Todo indivíduo tem grande dificuldade em conciliar a agressividade que existe na natureza humana e mesclá-la com o amor. Em certa medida, essa dificuldade é superada no estágio inicial da infância pelo fato de que o mundo é sentido primeiro como extremos: amistoso e hostil, bom e hostil, preto no branco; o mau é temido e odiado e o bom é plenamente aceito. Gradualmente, bebês e crianças ultrapassam essa fase e atingem o estágio em que conseguem tolerar as ideias destrutivas que surgem junto com os impulsos amorosos. Então, sentem culpa, mas descobrem que podem fazer algo para corrigi-la. Se a mãe esperar, chegará o momento em que o gesto de amor será genuíno e espontâneo. O alívio normalmente proporcionado nos estágios iniciais pela ideia de bom e mau como extremos é algo a que nem mesmo adultos maduros conseguem abdicar de todo. Nas crianças, e nas crianças pequenas em especial, facilmente admitimos certa persistência desse resíduo do início da vida, e sabemos que podemos constatar uma reação rápida quando lemos ou contamos histórias que apresentam os extremos bom e mau.

Em geral, a mãe e a madrasta se unem na imaginação com esses extremos, e mais ainda devido ao segundo fator que quero descrever: existem todos os tipos de razão pelas quais as crianças poderiam odiar a mãe. Essa ideia de ódio pela mãe é muito difícil para todas as pessoas, e algumas das que estão escutando não vão gostar de ouvir as palavras ódio e mãe na mesma frase. No entanto, não se pode evitar: as mães, se cumprem sua tarefa de modo adequado, são representantes do mundo duro, exigente, e são elas que aos poucos apresentam a realidade que é tantas vezes inimiga do impulso. A raiva contra a mãe existe e o ódio está em algum lugar, mesmo quando não há dúvida do amor que se mescla à adoração. Se existem duas mães, uma que morreu, e uma madrasta, vocês percebem como é fácil a criança obter alívio dessa tensão ao ter uma mãe perfeita e outra horrível? Isso é praticamente tão verdadeiro para as expectativas do mundo quanto para as crenças de uma criança.

    Acima de tudo isso, com o tempo, a criança passa a entender ou sentir que a devoção da mãe em um estágio muito inicial proporcionou as condições essenciais que lhe possibilitaram começar a existir como pessoa, com direitos individuais, impulsos pessoais e técnicas pessoais de vida. Em outras palavras, havia uma dependência absoluta no início e, à medida que a criança começa a ser capaz de perceber isso, desenvolve-se o medo de uma mãe primeva que tem poderes mágicos para o bem e o mal. O quanto é difícil para cada um de nós perceber que essa instância primeva todo-poderosa era nossa própria mãe, alguém que passamos a entender como um ser humano amável, mas de modo algum perfeito ou totalmente confiável. Como tudo isso era precário. Além do mais, no caso de uma menina, é essa mesma mãe – no início todo-poderosa, que irritantemente representava o fato concreto, que era o tempo todo adorável – que na realidade se põe entre a filha e o pai. Aqui, em especial, a mãe espera – ao passo que a madrasta teme – que a menina conquistará o amor do pai. Será que isso não é o bastante para mostrar que não devemos esperar que as crianças amadureçam de repente da tendência a

2. PARA MADRASTAS E PADRASTOS

dividir o mundo em geral, e as duas mães em particular, em bom e mau e que devemos esperar alguma persistência dessas ideias infantis nos adultos?

Podemos usar argumentação lógica, podemos dizer a nós mesmos repetidamente que o importante não é se as pessoas são brancas ou pretas, mas se, como seres humanos, são amorosas e amáveis. Restam-nos, porém, nossos sonhos, e quem gostaria de se livrar de fantasias? Nas fantasias, não precisamos ser maduros o tempo todo como precisamos ser quando pegamos um trem para o trabalho ou fazemos as compras. Na fantasia, o pueril, o infantil e o adolescente repousam todos na maturidade adulta. No entanto, percebemos a inconveniência da fantasia quando, por acaso, acabamos caindo em uma das características sombrias dos mitos mundiais. Talvez eu mesmo tenha caído em uma delas ao falar sobre o ódio e o medo da mãe que sinto que devem ser mesclados ao amor na relação mãe-criança plenamente vivenciada. Vocês podem pensar que estou louco.

O VALOR DA HISTÓRIA DE INSUCESSO

No estudo de qualquer problema relativo a questões humanas podemos nos manter na superfície ou nos aprofundarmos. Se pudermos nos manter na superfície, evitaremos muito do desprazer, mas também evitaremos os valores mais profundos. Algumas das cartas que chegaram depois de um programa recente foram de fato além do óbvio. Por exemplo, foi observado que a criança que perde o pai ou a mãe não pode ser tratada como se isso não tivesse acontecido e muitas vezes é preferível que a madrasta ou o padrasto aceite outro nome para que a criança reserve "mamãe" ou "papai" para o familiar perdido.

A ideia de uma mãe ou pai perdido pode ser mantida viva e a criança pode ser imensamente auxiliada por uma atitude que torne isso possível. Também foi observado que a criança acolhida pode estar perturbada. Lembro de um caso especial de um menino que não foi amado e que passou um período com a avó antes de viver com a madrasta. Ou seja, ele passou por duas deprivações e ficou, portanto, propenso a se sentir desesperançoso em relação à confiabilidade e aos relacionamentos humanos. Se uma criança se sente sem esperanças dessa maneira, não pode assumir o risco de iniciar novos vínculos e se defende contra sentimentos profundos e contra novas dependências.

Vocês sabiam que um número considerável de mães não ama seus bebês ao pari-los? Elas se sentem péssimas, exatamente como a madrasta. Tentam fingir que os amam, mas não conseguem. Seria mais fácil para elas se antes lhes fosse dito que o amor é algo que pode acontecer, mas que não é automático. Em geral, a mãe logo passa a amar o bebê durante a gravidez, mas é uma questão de experiência, não de expectativa convencional. Os pais têm o mesmo problema, às vezes. Talvez isso seja mais fácil de aceitar, por isso há menos necessidade de que os pais finjam e o amor deles venha naturalmente, no próprio tempo. Além de não amar, não é raro que as mães odeiem seus bebês. Estou falando de mulheres comuns, que na verdade lidam bastante bem e garantem que alguém aja por elas e aja bem. Conheço muitas mães que viveram apavoradas, temendo descobrir que haviam ferido o próprio bebê e que nunca conseguem falar sobre sua dificuldade por ser tão improvável que encontrem compreensão. Há na natureza humana tanta coisa profunda, oculta, e pessoalmente eu preferiria ser o filho de uma mãe que tem todos os conflitos internos de um ser humano do que receber os cuidados maternos de alguém para quem

2. PARA MADRASTAS E PADRASTOS

tudo é fácil e tranquilo, que sabe todas as respostas e se sente alheia à dúvida.

A maioria daquelas que alegaram sucesso aqui e ali poderia registrar insucessos em outro lugar, e no lugar certo, na hora certa, a história de insucesso tem o maior valor. É claro que a questão é outra quando as pessoas andam por aí lastimando ou se queixando, mas certamente não foi isso que aconteceu com nossa madrasta que tanto sofreu por não conseguir amar seu enteado. Quando uma esposa ou marido assumem um enteado ou enteada, sempre há muitos antecedentes, e esses antecedentes fazem toda a diferença. Não é apenas uma questão de sentir culpa porque a criança é, por assim dizer, roubada; há toda uma história de escolha da viúva ou do viúvo, ou de resgate de uma pessoa infeliz no casamento. Há toda uma série de questões importantes que não podem ser ignoradas e que afetam o sonho do padrasto ou da madrasta ou o pano de fundo imaginativo do novo relacionamento. Em um caso determinado, os fatores podem ser examinados, e até mesmo examinados de modo útil, mas falando em termos gerais, o tema imediatamente se torna muito amplo para ser abrangido. A mulher que se encontra provendo os cuidados maternos a uma criança nascida de outra mulher, sua rival imaginária, mesmo quando morta, pode facilmente se ver forçada pela própria imaginação a uma posição de bruxa, e não de fada madrinha. Ela pode, de fato, não encontrar dificuldade ou pode, como autoras de algumas cartas descreveram, gostar de assumir um lugar secundário ao da antiga esposa. Mas muitos homens e mulheres ainda estão lutando para amadurecer quando se casam e mesmo depois, e devem lutar pelos próprios direitos ou perder a própria identidade e o sentimento pleno de serem reais. É comum uma mulher sentir a presença da criança de outra mulher como um lembrete da mãe da criança – e um lembrete intolerável. Se esse tipo de coisa for verdadeiro e, ainda assim, inconsciente, pode distorcer o quadro e tornar impossível o desenvolvimento natural dos sentimentos de tolerância e, depois, do amor.

Tenho tempo apenas para mencionar que uma parte dos enteados e enteadas é realmente maldosa devido às experiências pelas quais passou. Pode-se justificá-los e desculpá-los, mas a madrasta tem de suportá-los. Para ela, não há saída. Felizmente, a maioria dos enteados e das enteadas pode ser persuadida a uma atitude amistosa e, aliás, como mostram as cartas, em muitos casos enteados e enteadas são exatamente como filhos da própria mãe. Portanto, muitas vezes não há dificuldades ou as dificuldades não são grandes e não representam ameaça. Muitas pessoas perdem de vista a perplexidade da situação entre padrastos, madrastas e enteados e passam a acreditar que é tudo muito simples. Para as pessoas sem dificuldades, meu tipo de exame deve parecer entediante, até perigoso. É perigoso para o senso de segurança delas, mas, como eu disse, ao perder de vista os sonhos ruins ou mesmo pesadelos, e as depressões e suspeitas por que passam, elas também perdem de vista tudo o que dá sentido a seu êxito.

Um certo número de histórias de insucesso pode enriquecer imensamente nossa vida. Além do mais, essas histórias podem nos mostrar que há um sentido em ajudar pessoas malsucedidas a se reunirem. Se elas se reúnem e conversam, compartilham seus fardos e, às vezes, os aliviam. Uma correspondente pediu um encontro entre padrastos e madrastas malsucedidos. Creio que um encontro desse pode ser frutífero. Seria composto de homens e mulheres comuns.

3

O QUE SABEMOS SOBRE BEBÊS QUE CHUPAM PANOS?
[1956]

Há muito a ser captado da observação do que os bebês fazem no tempo entre um sono e outro.[1] Mas, primeiro, devemos nos livrar da ideia de que existe certo e errado; nosso interesse surge do fato de que é com os bebês que podemos aprender sobre bebês. O apresentador da semana passada partiu do ponto de vista de que, se um bebê em particular chupa o polegar ou um pano, não é nesse aspecto que entramos em cena para aprovar ou reprovar, mas é nesse aspecto que temos a chance de descobrir algo sobre aquele bebê. Concordo com ele e com as mães cujas cartas ele citou.

Nós nos interessamos por uma ampla variedade de fenômenos que caracterizam a vida dos bebês. Nunca sabemos tudo sobre eles porque há sempre um novo bebê, e não há dois bebês exatamente iguais, no rosto ou nos hábitos. Conhecemos os bebês não só pelo contorno do nariz e pela cor do cabelo, se houver cabelo, mas também por suas idiossincrasias.

Quando as mães me falam sobre suas crianças, geralmente encorajo-as a se lembrarem das coisas que aconteciam bem

---

[1] Apresentação de rádio transmitida em 3 de janeiro de 1956.

no início e que eram características. Elas costumam gostar de rememorar justo essas coisas que trazem o passado à tona com tanta vivacidade.

Elas me falam de toda espécie de objetos que são adotados pelo bebê e que se tornam importantes, sendo sugados ou abraçados, e que ajudam o bebê a passar por momentos de solidão e insegurança, ou fornecem conforto, ou atuam como sedativos. Os objetos estão a meio caminho de serem parte do bebê e parte do mundo. Em pouco tempo, tendem a adquirir um nome, como "paninho" [*tissie*] ou "gotoso" [*nammie*], o que revela sua origem dupla. O cheiro e a textura desses objetos são elementos essenciais, e você não ousa lavá-los. Nem se esquece deles quando sai de casa. Se tiver sabedoria, você deixará o objeto desaparecer, como o velho soldado da canção que nunca morre; você não o destrói, tampouco o perde ou doa.

O principal é nunca desafiar o bebê: "Você inventou isso ou é parte do mundo que você encontrou e pegou para você?". Um pouco mais tarde você proibirá seu bebê de dizer "dá" [*ta*], e depois o fará reconhecer que aquele cachorro de lã foi presente de uma tia. Mas esse *primeiro* objeto é aceito como parte do adorno do berço e do carrinho do bebê antes que a palavra "dá" possa ser dita ou faça sentido, antes que o bebê faça uma distinção clara entre o eu e o não eu, ou enquanto essa distinção está sendo desenvolvida.

Uma personalidade está sendo formada e uma vida que nunca foi vivida antes está sendo vivida, e é nessa nova pessoa que vive essa nova vida que a mãe e o pai estão interessados desde o momento em que o movimento do bebê é sentido no útero. A vida pessoal começa imediatamente, e insistirei nessa ideia, embora eu saiba que filhotes de cães e gatos também chupem pano e brinquem, fato que me faz afirmar que animais também são mais do que somente um conjunto de reflexos e apetites.

3. O QUE SABEMOS SOBRE BEBÊS QUE CHUPAM PANOS?

Quando digo que a vida começa imediatamente, admito que, no começo, a vida assume uma forma muito restrita, mas sem dúvida a vida pessoal da criança começou no momento do nascimento. Esses estranhos hábitos infantis nos dizem que há algo mais na vida do bebê além de dormir e mamar, e algo além de obter gratificação instintiva após uma boa refeição absorvida e digerida. Esses hábitos indicam que uma criança já está lá, realmente vivendo uma vida, construindo memórias; formando um padrão pessoal de comportamento.

Para compreender melhor, creio que devemos considerar que, desde o início, existe uma forma incipiente do que mais tarde chamamos imaginação. Isso nos permite dizer que o bebê absorve com as mãos e com a pele sensível do rosto tanto quanto com a boca. A experiência *imaginativa* da alimentação é muito mais ampla do que a experiência puramente física. A experiência *total* da alimentação pode envolver rapidamente um relacionamento rico com o seio da mãe, ou com a mãe percebida de forma gradual; e o que o bebê faz com as mãos e os olhos amplia o escopo do ato de alimentação. Isso, que é normal, se torna mais claro quando vemos a alimentação do bebê ser conduzida de modo mecânico. Essa alimentação, longe de ser uma experiência enriquecedora para o bebê, interrompe sua sensação de continuar existindo. Não sei bem de que outra maneira expressar isso. Houve uma atividade reflexa, e não uma experiência pessoal.

Quando você faz cócegas no rosto de um bebê, pode provocar um sorriso, mas o bebê pode estar sentindo qualquer coisa, menos prazer. O reflexo trai seu possuidor. E quase possui o bebê. Não é nossa função exercer o poder que sem dúvida possuímos, por meio da provocação de reflexos e do estímulo a gratificações instintivas que não surgem como parte do ritmo da vida pessoal do bebê.

Todo tipo de coisa que um bebê faz durante a alimentação nos parece sem sentido porque não o fazem ganhar peso. Estou dizendo que são exatamente essas coisas que nos asseguram que o bebê está se alimentando, não apenas *sendo alimentado*, que está vivendo uma vida e não apenas reagindo aos estímulos que oferecemos.

Você já viu uma criança chupando o dedo ao mesmo tempo que mama alegremente? Eu já. Você já viu um sonho em marcha? Quando uma criança suga pedaços de roupa, ou de edredom ou uma chupeta, isso representa um transbordamento da imaginação, tal como ela é, imaginação fomentada pela função central estimulante que é a alimentação.

Vou colocar de outra forma. Vocês já pensaram que explorar o tato, chupar o dedo, chupar panos e agarrar-se a uma boneca de pano são as primeiras demonstrações do comportamento afetivo do bebê? Pode haver algo mais importante?

Talvez você tome por certa a capacidade de seu bebê de ser afetuoso, mas logo perceberá que não é esse o caso se tiver um filho que não consegue demonstrar afeto ou que perdeu essa habilidade. Talvez seja possível fazer com que uma criança aparentemente relutante coma, mas não há nada que vocês possam fazer para que uma criança não afetuosa se torne afetuosa. Vocês podem cobri-la de afeto, mas ela se afasta, em silêncio ou com gritos de protesto.

Essas atividades estranhas, fora de propósito, sobre as quais estamos falando são um sinal de que o bebê está presente como uma pessoa e, além do mais, está confiante no relacionamento com a mãe. O bebê é capaz de usar objetos que simbolizam, como poderíamos dizer, a mãe ou alguma qualidade da mãe, e é capaz de *desfrutar* de ações que são *brincadeiras* e que estão separadas em um ou mais níveis do ato *instintivo*, em outras palavras, a *alimentação*.

3. O QUE SABEMOS SOBRE BEBÊS QUE CHUPAM PANOS?

Veja o que acontece se o bebê começa a perder a confiança. Uma deprivação menor pode produzir um elemento compulsivo no hábito de sucção, ou seja lá o que for, fazendo com que este se torne a via principal em vez de uma via secundária. Mas, se houver uma deprivação mais severa ou prolongada, o bebê perde toda a capacidade de chupar o pedaço de pano, de brincar com a boca ou de fazer cócegas no nariz; o significado dessas brincadeiras se esvai.

Esses primeiros objetos do brincar e essas atividades de brincadeira existem em um mundo intercalado entre a criança e o mundo externo. Há uma imensa tensão por trás do atraso do bebê em distinguir entre o eu e o não eu, e damos tempo para que esse desenvolvimento ocorra naturalmente. Vemos o bebê começando a separar as coisas e saber que existe um mundo exterior e um mundo interior, e para ajudar permitimos um mundo intermediário – que é, ao mesmo tempo, tanto pessoal como externo, tanto eu como não eu. É exatamente como a brincadeira intensa da primeira infância e o devaneio das crianças mais velhas ou dos adultos, que não é nem sonho nem fato, e ainda assim é as duas coisas.

Pensando nisso, será que *qualquer* um de nós cresce e se liberta da necessidade de uma área intermediária entre nós, com nosso mundo pessoal interno e realidade externa ou compartilhada? A tensão que o bebê sente ao separar os dois nunca é completamente perdida, e nós nos permitimos uma vida cultural, algo que pode ser compartilhado, e ainda assim algo que é pessoal. Eu me refiro, é claro, a coisas como a amizade e a prática religiosa. E, em todo caso, existem coisas sem sentido que todos fazemos. Por exemplo, por que eu fumo? Para responder, eu teria de recorrer a um bebê, que não riria de mim, tenho certeza, pois um bebê sabe melhor do que ninguém a tolice que é ser sempre sensato.

É estranho, mas talvez chupar o polegar ou uma boneca de pano pode parecer real, ao passo que a alimentação real pode criar sentimentos irreais. A alimentação real desencadeia reflexos, e os instintos se envolvem vigorosamente, e o bebê ainda não chegou tão longe na criação de um eu a ponto de ser capaz de abarcar experiências tão poderosas. Isso não faz você se lembrar do cavalo sem jóquei que vence a corrida do Grand National? Essa vitória não garante o prêmio para o proprietário porque o jóquei não conseguiu permanecer na sela. O proprietário fica frustrado e o jóquei pode ter se machucado. Quando vocês se adaptam às necessidades e aos ritmos pessoais de seu bebê no início, estão possibilitando que esse iniciante na competição se mantenha na sela, e que até mesmo monte o próprio cavalo e desfrute da cavalgada pela cavalgada em si.

Para o self imaturo de uma criança muito nova, talvez seja a autoexpressão na forma desses hábitos estranhos – como chupar um pano – que o bebê sente como real, e que dá à mãe e ao bebê a oportunidade de uma afinidade humana que não está à mercê dos instintos animais.

4

DIZER "NÃO"
[1960]

Este programa e os dois seguintes formam uma série.[1] O tema é "Dizer 'Não'". Esta noite, vocês vão ouvir uma discussão entre várias mães e farei um breve comentário final. Nas duas próximas semanas, sou eu que falarei na maior parte do tempo, mas alguns trechos da discussão serão citados apenas para que vocês se recordem.

Creio que vocês vão gostar da discussão, que dura cerca de oito minutos. E me soa verdadeira. Ao ouvi-la, vocês podem ter certeza de que não foi encenada. É exatamente o modo como vocês discutiriam o mesmo tema.

A CONVERSA DAS MÃES

> "É muito difícil encontrar o meio-termo entre dizer o tempo todo às crianças 'não façam isso, não façam aquilo', ou deixar

---

1 Três apresentações transmitidas pela BBC em 25 de janeiro e 1º e 8 de fevereiro de 1960.

que elas façam tudo. Mas, por outro lado, você não pode deixar a casa ser completamente destruída."

"Acabei de comprar uma casa nova, tivemos um apartamento por um ano e precisamos comprar tudo para ele, e também para a nova bebê. No apartamento, decidi dar a ela toda liberdade e ela é uma bebê alegre por causa disso."

"Sim, mas ela tem o quê? Vinte meses?"

"Vinte e um meses e é muito ativa." (*falando ao mesmo tempo*)

"Três anos! Três anos de idade é um pouquinho diferente de vinte meses." (*falando ao mesmo tempo*)

"Mas decidi manter essa postura."

"E sua filha terá a mesma liberdade quando visitar a casa de outras pessoas?"

"No momento, ela tem, porque é extremamente curiosa, como deveria ser nessa idade."

"Acho que a questão de as crianças serem bem-comportadas quando visitam outras pessoas depende muito de quanta liberdade elas têm em casa. Porque se elas têm liberdade para zanzar por aí e fazer bagunça, elas não..."

"Elas não são tão curiosas."

"Aí elas não querem fazer isso em nenhum outro lugar. Tudo bem, quando você chega das compras a criança vai pegar o saco de arroz – se você for boba de deixá-lo ali – e vai espalhar tudo pelo chão. (*risos*) A criança não está fazendo bagunça, você que foi boba. Quer dizer, quando minha filha faz isso eu percebo que quanto mais rápido voltarmos para o tanque de areia, onde... vocês sabem... ela pode espalhar o quanto quiser, melhor para nós." (*falando ao mesmo tempo*)

"Será que ela nunca se cansa do tanque de areia e o arroz fica mais interessante?"

4. DIZER "NÃO"

"É claro que sim, mas também, quer dizer, veja bem, as poças, por exemplo. Aprendi isso com alguém, porque alguém ficou cuidando da minha filha pela primeira vez, não em tempo integral, mas durante alguns dias, quando eu ainda estava lecionando (antes de ter o segundo bebê, decidi que queria continuar lecionando). Mas mesmo essa mulher simples a deixava pisar nas poças, às vezes, e depois dizia: 'Tudo bem, mas desta vez você não pode pisar nas poças porque daqui a pouco você vai sair. Agora não posso trocar você'. E ela não pisava nas poças. E essa foi uma boa lição que aprendi. Quer dizer, se você deixa a criança fazer alguma coisa quando aquilo não vai causar muito transtorno para você, quando você explicar mais ou menos para ela que existe um motivo pelo qual ela não deve fazer aquilo, ela não vai fazer." (*falando ao mesmo tempo*)

"Isso não falha, não é?" (*falando ao mesmo tempo*)

"Não adianta fazer isso do nada, você precisa preparar as crianças."

"Você pode transformar a explicação em um jogo: 'Vamos fazer assim', e sutilmente deixar de lado o que elas estão fazendo de destrutivo, achar outra coisa para fazer." (*falando ao mesmo tempo*) "Bom, eu... explico racionalmente. Eu me refiro a esse negócio de transformar em jogo o que a criança está fazendo na hora, e apresentar para ela outro jogo."

"Uma distração?"

"Distração, isso."

"Acho que isso depende de não ter muitas coisas para as quais você possa dizer 'Não'. Quer dizer, quando nossa primeira bebê era bem pequena havia duas coisas para as quais dizíamos 'Não'. Uma eram as plantas naturais que tínhamos na sala de estar e não queríamos que fossem arrancadas, e a segunda eram os fios elétricos, tínhamos muitos espalhados. Dizíamos 'Não' para essas coisas, o resto... Quer dizer, se tivesse alguma coisa que ela pudesse estragar, tirávamos do caminho."

"É o mais sensato." (*falando ao mesmo tempo*)

"Para essas coisas era sempre 'Não'. Ao contrário do resto. Por isso quando a gente dizia 'Não' para alguma coisa nova que a gente sabia que, por algum motivo, ela não entendia, ela não se importava."

"Comecei a fazer a mesma coisa com a minha, também com sucesso."

"Tem situações em que você não pode evitar dizer 'Não'. Aos vinte e um meses, você pode tirar as coisas do alcance delas... Elas provavelmente não conseguem escalar. Mas de fato parece que as tomadas não podem ser tiradas do caminho."

"Você precisa colocar as tomadas apropriadas... Existem tomadas apropriadas para aparelhos elétricos."

"Acho que você deve simplesmente decidir que vai dizer 'Não' e ficar firme. E que é bem melhor apanhar de você do que sofrer um choque elétrico, ou outro tipo de choque."

"Afinal de contas, não dá para mudar todas as tomadas de lugar." (*falando ao mesmo tempo*)

"Acho que não é tão fácil, como as pessoas fazem parecer, dizer alguns 'Nãos' e se manter firme. Acho que tem um 'Não' que parece suficientemente importante e interessante para a criança e que a deixa fascinada justamente porque é o único 'Não'. Fósforos, por exemplo... Elas têm uma sensação de que os fósforos são a coisa mais interessante da casa porque você fica dizendo 'Não' para eles. Acho... Acho que temos que deixar elas brincarem com fósforos."

"Alguém já tentou ensinar para as crianças como acender os fósforos mantendo elas longe?"

"Isso fascina ainda mais."

4. DIZER "NÃO"

"Não sei, mas acho que é uma ótima abordagem mostrar para as crianças o que acontece se brincarem com eles."

"Até elas literalmente queimarem os dedos?"

"Não sei... Imagino que é um pouco difícil, mas se elas puderem chegar perto o bastante vão perceber que aquilo é quente e poderia ser doloroso, e podem aprender com outras coisas o que é o calor."

"Sim, eu tive sorte, uma vez meu filho encostou no secador de toalhas que estava quente e se queimou; e eu disse: 'Quente'."

"Meu segundo filho, ele faz alguma coisa e se machuca, ele percebe, ou acho que percebe, por que se machucou; mas no dia seguinte ele quer fazer exatamente a mesma coisa de novo."

"Tenho certeza de que é questão de temperamento. Minha primeira filha pôs um monte de bacon quente na boca quando tinha mais ou menos um ano e meio e eu disse: 'Quente'; depois disso acho que ela nunca mais se queimou. Porque ela sabe o que é 'quente' e tem muita imaginação, além de ter medo de se queimar. Mas a segunda é bem diferente. Ela já comeu um bocado de bacon quente."

"Tem algumas coisas que elas não podem fazer, mas que não machucam exatamente. Como o acendedor automático do fogão. Meu menininho só precisa virar o acendedor para cima. Bom, isso liga o gás, não o machuca, só acende o gás e pode causar muito estrago se por acaso houver alguma coisa em cima do fogão. Ele sabe que não deveria fazer isso, e faz, enquanto sacode a cabeça." (*risos*)

"Bem, mas não seria esse o momento certo para uma palmada?"

"Não é exatamente aí que você tem de ficar atenta, de olho em tudo, e tirar ele dali assim que ele se aproxima do fogão?" (*falando ao mesmo tempo*)

"É responsabilidade da mãe, a criança simplesmente não deve ficar na cozinha, e ponto final. Quer dizer, a responsabilidade só pode ser sua."

"Mas você está lavando a louça e cozinhando."

"A criança não vai ficar no cercadinho para sempre."

"Ah, não, eu sei, mas eu pensaria em um modo de resolver muitas dessas coisas. Com distrações. Se ele for até a chama de gás, dar a ele algo igualmente interessante, mas seguro. É a mesma coisa com uma criança mais velha, você só tem de lembrar, o tempo todo, que ela precisa virar o cabo das panelas para o outro lado, assim uma criança mais nova não vai puxar nada."

"Nós temos bastante sorte. Nossa sala de jantar tem uma porta que dá para a cozinha e as crianças têm de usar a sala de jantar como uma espécie de quarto de brinquedos e tento mantê-las ali. Mas não fecho a porta para elas. E contanto que saibam que estou ali do lado e podem ir me ver, se quiserem, elas quase sempre ficam na sala de jantar."

"Com que idade?"

"Ah, desde muito novas, desde que saíram do cercadinho, com um ano mais ou menos. Elas vêm e me olham pela porta, sabe, e voltam de novo para os brinquedos e as coisas delas."

"Vocês acham que é extremamente cansativo isso de ficar vigiando o tempo todo e precisar encontrar distrações, lembrar a elas e assim por diante?"

"Sim." (*falando ao mesmo tempo*)

"Além disso, é uma questão de tempo. Você está tentando fazer tantas coisas ao mesmo tempo, está cozinhando, às vezes esterilizando as fraldas, alguém bate na porta da frente e, de repente, você se vira e encontra seu menino brincando com a torneira do gás ou tentando ligar na tomada um aquecedor elétrico que você esqueceu de tirar dali na noite anterior. É o

4. DIZER "NÃO"

> tipo de coisa que acontece... Você não pode pensar em tudo com antecedência."

Espero que esse grupo de mães tenha continuado a discutir e trocar ideias tomando chá. Precisamos deixá-las agora.

Esta semana, como eu disse antes, vou fazer apenas um comentário breve e geral; na próxima semana e na seguinte, espero retomar e desenvolver alguns dos pontos levantados. Gosto sempre de ouvir esse tipo de coisa, quando as pessoas falam sobre suas especialidades. Quando os agricultores falam de trigo, centeio e batatas ou um artesão fala de seu ofício. Essas mulheres, por exemplo, falam da diferença entre bebês de dois, três anos ou outra idade qualquer. Elas sabem que mudanças imensas ocorrem mês a mês. Aos doze meses, apenas algumas palavras fazem sentido, como palavras, para um bebê, ao passo que aos vinte e quatro meses as explicações verbais começam a se tornar uma boa forma de comunicação e um método efetivo de obter cooperação quando você realmente quer dizer "Não". Percebemos, por essa discussão, que existem vários estágios. Eu poderia destacar três. No primeiro, você é completamente responsável o tempo todo. No segundo, começa a expressar o "Não" para seu bebê porque está correta em distinguir o despertar da inteligência e o início da capacidade de seu bebê em separar o que é permitido e o que não é permitido. Você não está tentando lidar com o que é moralmente certo ou errado, simplesmente está deixando que o bebê, ela ou ele, perceba os perigos dos quais o protege. Você se lembra de como duas mães falaram sobre o calor? Em certo momento elas pronunciaram a palavra "quente" e em seguida associaram perigo com dor. Mas muitos perigos não estão associados à dor de forma tão simples; assim, o "Não" tem de ser suficiente até que o próximo estágio seja atingido.

No terceiro estágio, você obtém a cooperação do bebê apresentando uma explicação. Isso envolve a linguagem. "Não", porque está quente. "Não", porque eu disse "Não". "Não", porque eu gosto daquela planta, dando a entender que se a planta for arrancada você não vai amar tanto o bebê por alguns minutos.

Falei sobre três estágios, mas esses estágios se sobrepõem. Primeiro, existe um estágio no qual você assume plena responsabilidade. Assim, se algo inconveniente acontece, você se culpa, e esse estágio demora para ser ultrapassado. Na verdade, você continua a assumir a responsabilidade, mas obtém algum alívio devido à capacidade cada vez maior de a criança compreender as coisas. Se esse primeiro estágio se torna algo do passado, significa que sua criança cresceu e superou a necessidade do controle da família e se tornou um membro independente da sociedade.

No segundo estágio, você se impõe e impõe sua visão de mundo ao bebê. Esse estágio normalmente passará ao terceiro estágio, da explicação, mas o grau da mudança e o modo como se dá depende tanto da criança quanto de você. As crianças diferem muito umas das outras no modo como se desenvolvem. Podemos retomar esses pontos na próxima semana. Talvez vocês já tenham percebido que dizer "Não" nunca é simplesmente dizer "Não".

Na semana passada vocês ouviram algumas mães conversando sobre dizer "Não", e fiz um breve comentário. Esta semana e na seguinte, vou falar de algumas das coisas em que me vi pensando enquanto ouvia. Mas gostaria de dizer algo que tem a ver com a discussão como um todo. Em meu trabalho, aprendo muito sobre as dificuldades que as mães enfrentam quando não estão em uma posição afortunada. Às vezes elas têm grandes dificuldades pes-

4. DIZER "NÃO"

soais e por isso não conseguem realizar suas aspirações mesmo quando conseguem vislumbrar um caminho; ou os maridos estão distantes, não dão suporte apropriado, interferem, sentem até ciúme; algumas não têm marido, mas têm de criar o bebê. E há muitas outras que estão presas em condições adversas, como pobreza, moradias superlotadas, vizinhança rude. Tanto que não conseguem ter uma visão clara da situação. E há ainda as que estão cuidando dos bebês de outras pessoas.

Sinto que as mães que se encontraram aqui para discutir o cuidado de seus bebês são pessoas de um tipo saudável e afortunado, e têm a sensação de segurança que é necessária se quiserem começar a tratar dos verdadeiros problemas dos cuidados maternos. Sei que a maioria das mães é como essas que ouvimos, mas gosto de chamar atenção para o fato de que elas são felizes – em parte porque nos escapa algo quando partimos do princípio de que a felicidade é um fato consumado e em parte porque estou pensando em todas as mães que podem estar ouvindo e estão acanhadas, infelizes, frustradas, sem sucesso; porque todo mundo quer, de fato, ter sucesso.

Depois de dizer isso, relembro a vocês os três estágios que distingui em nosso último programa. Primeiro, eu disse, você está presa em um processo que, na prática, a torna totalmente responsável pela proteção do bebê. Depois chega o momento em que você pode dizer "Não" e, depois, a época das explicações.

Sobre esse primeiro estágio, no qual você é totalmente responsável, eu gostaria de dizer algumas palavras. Você será capaz de dizer em poucos meses que nunca, nem uma vez, deixou de apoiar seu bebê, embora, é claro, tenha sido uma pessoa frustrante o tempo todo porque não podia, e ninguém podia, satisfazer todas as necessidades do bebê – um trabalho perfeito que você não tem de realizar. Não existe "Não" nesse primeiro estágio; e lembro que esse primeiro estágio coincide com os subsequentes. Esse estágio continua indefinidamente até que a criança se torne adulta, independente do controle da família. Você fará coisas terríveis, mas acho que nunca vai realmente deixar de apoiar a criança, não se puder evitar.

No estágio seguinte, que chamei de estágio dois, o "Não" começa a aparecer. Você expressa o "Não" de um jeito ou de outro. Talvez só diga "Grrrrrr". Ou você torce o nariz ou franze a testa. Ou o uso da palavra "Não" é um bom método, a menos que o bebê seja surdo. Acho que, se você está feliz, é fácil colocar essa coisa do "Não" em uma base prática, estabelecendo um modo de vida que se encaixa no seu e no mundo à sua volta. Mães infelizes, movidas pela própria infelicidade, podem ter a tendência de exagerar o lado feliz e amoroso dos cuidados maternos e, às vezes, só dizem "Não" porque estão irritadas, mas isso simplesmente não pode ser evitado. E depois desse vem o estágio três, que chamo de estágio das explicações. Algumas pessoas encontram grande alívio quando podem finalmente falar e ter a esperança de serem compreendidas, mas estou dizendo que a base de tudo é, com certeza, o que acontece antes.

Gostaria de relembrar agora a parte da discussão em que uma mãe diz que introduziu os "Nãos" um de cada vez. Acho que a questão é que ela tinha claro para si mesma o que permitiria e não permitiria. Se ela estivesse confusa, a bebê teria perdido algo valioso. Vamos ouvir de novo o trecho da conversa das mães:

> "Acho que isso depende de não ter muitas coisas para as quais você possa dizer 'Não'. Quer dizer, quando nossa primeira bebê era bem pequena havia duas coisas para as quais dizíamos 'Não'. Uma eram as plantas naturais que tínhamos na sala de estar e não queríamos que fossem arrancadas, e a segunda eram os fios

elétricos, tínhamos muitos espalhados. Dizíamos 'Não' para essas coisas; o resto... Quer dizer, se houvesse alguma coisa que ela pudesse estragar, tirávamos do caminho."

"É o mais sensato." (*falando ao mesmo tempo*)

"Para essas coisas era sempre 'Não'. Ao contrário do resto. Por isso quando a gente dizia 'Não' para alguma coisa nova que a gente sabia que, por algum motivo, ela não entendia, ela não se importava."

"Comecei a fazer a mesma coisa com a minha, também com sucesso."

Assim observamos a capacidade dessa mãe de se adaptar à necessidade de a bebê começar de modo descomplicado algo que precisa necessariamente se tornar cada vez mais complexo. A bebê tinha dois "Nãos" no início e depois, sem dúvida, outros foram acrescentados, e não houve confusão desnecessária.

Agora, vamos nos lembrar do modo como uma palavra foi usada antes que uma explicação pudesse ser expressa em palavras. Aqui nesse trecho, a palavra "quente" nos coloca exatamente entre os estágios dois e três, como os chamo.

"Até que elas literalmente queimem os dedos?"

"Não sei... Imagino que é um pouco difícil, mas se elas puderem chegar perto o bastante vão perceber que aquilo é quente e poderia ser doloroso, e elas podem aprender o que é calor com outras coisas."

"Sim, eu tive sorte, uma vez meu filho encostou no secador de toalhas que estava quente e se queimou; e eu disse: 'Quente'."

"Meu segundo filho, ele faz alguma coisa e se machuca, ele percebe, ou acho que percebe, por que se machucou; mas no dia seguinte ele quer fazer exatamente a mesma coisa de novo."

> "Tenho certeza de que é questão de temperamento. Minha primeira filha pôs um monte de bacon quente na boca quando tinha mais ou menos um ano e meio e eu disse: 'Quente'; depois disso acho que ela nunca mais se queimou. Porque ela sabe o que é 'quente' e tem muita imaginação, além de ter medo de se queimar. Mas a segunda é bem diferente. Ela já comeu um bocado de bacon quente."
>
> "Tem algumas coisas que elas não podem fazer, mas que não machucam exatamente. Como o acendedor automático do fogão. Meu menininho só precisa virar o acendedor para cima. Bom, isso liga o gás, não o machuca, só acende o gás e pode causar muito estrago se por acaso houver alguma coisa em cima do fogão. Ele sabe que não deveria fazer isso, e faz, enquanto sacode a cabeça." (*risos*)
>
> "Bem, mas não seria esse o momento certo para uma palmada?"

Bem, talvez seja. Pode-se perceber pelo modo como elas falam que é na experiência vivida, a cada instante, que todo o trabalho relevante é realizado. Não há lições e não há prazo estabelecido para o aprendizado. A lição vem com o modo como as pessoas envolvidas veem que estão reagindo.

Quero repetir, entretanto, que nada exime a mãe de bebês ou crianças pequenas de sua tarefa de eterna vigilância.

> "Tudo bem, quando você chega das compras a criança vai pegar o saco de arroz – se você for boba de deixá-lo ali – e vai espalhar tudo pelo chão. (*risos*) A criança não está fazendo bagunça, você que foi boba. Quer dizer, quando minha filha faz isso eu percebo que quanto mais rápido voltarmos para o tanque de areia, onde... vocês sabem... ela pode espalhar tudo o quanto quiser, melhor para nós."

4. DIZER "NÃO"

Sim, foi culpa dela que o arroz foi espalhado, como não! Mas imagino que ela estava irritada! Às vezes é só uma questão de arquitetura, o modo como os cômodos ou um painel de vidro na porta entre a cozinha e o quarto de brinquedos das crianças estão dispostos.

> "Nós temos bastante sorte. Nossa sala de jantar tem uma porta que dá para a cozinha e as crianças têm de usar a sala de jantar como uma espécie de quarto de brinquedos e tento mantê-las ali. Mas não fecho a porta para elas. E contanto que elas saibam que estou ali do lado e podem ir me ver, se quiserem, elas quase sempre ficam na sala de jantar."
>
> "Com que idade?"
>
> "Ah, desde muito novas, desde que saíram do cercadinho, com um ano mais ou menos. Elas vêm e me olham pela porta, sabe, e voltam de novo para os brinquedos e as coisas delas."

Sim, ela teve sorte com o modo como os cômodos foram dispostos, não teve?

E depois ouvimos sobre a pressão que a eterna vigilância exerce sobre as mães. Isso é verdade, especialmente, creio, quando a mulher, antes de se casar, tinha um emprego, de modo que ela conheceu a satisfação que a maioria dos homens conhecem no trabalho: ser capaz de se concentrar e depois ir para casa e relaxar. O mundo não é um tanto injusto com as mulheres nesse ponto? Vamos ouvir o que o grupo diz em relação a isso.

> "Vocês não acham que isso de ficar constantemente vigiando e precisar encontrar distrações, lembrar a elas e assim por diante é extremamente cansativo?"
>
> "Sim." (*falando ao mesmo tempo*)

> "Além do mais, é uma questão de tempo. Você está tentando fazer tantas coisas ao mesmo tempo, está cozinhando, às vezes esterilizando as fraldas, alguém bate na porta da frente e, de repente, você se vira e encontra seu menino brincando com a torneira do gás ou tentando ligar na tomada um aquecedor elétrico que você esqueceu de tirar dali na noite anterior. É o tipo de coisa que acontece... Você não consegue pensar em tudo com antecedência."

Não, com certeza não consegue. Felizmente, a eterna vigilância não é eterna, embora seja essa a sensação. Ela dura apenas um tempo limitado para cada criança. Logo o bebê é uma criancinha e a criancinha está indo para a escola e a vigilância, então, é algo compartilhado com as professoras. No entanto, "Não" continua sendo uma palavra importante no vocabulário dos pais e a proibição continua sendo uma parte do que as mães e os pais se veem fazendo no momento certo e até que cada criança, a seu próprio modo, rompa com o controle parental e estabeleça uma maneira pessoal de viver e de subsistir.

Mas existem alguns aspectos importantes dessa discussão que ainda não tive tempo de mencionar, assim, estou feliz em ter a oportunidade de continuar na próxima semana.

Esta semana vamos continuar a discussão sobre dizer "Não" ao exercer os cuidados maternos. Farei como antes e falarei sobre os três estágios, porque essa é uma maneira conveniente de continuar desenvolvendo o tópico de quando, como e por que dizer "Não". Quero descrever novamente os três estágios, mas em uma linguagem um pouco diferente, de modo que, de certa forma, não

4. DIZER "NÃO"

importará se você não ouviu a apresentação da semana passada ou se esqueceu tudo.

Eu disse que os três estágios se sobrepõem. O estágio um não termina quando o estágio dois começa, e assim por diante. O primeiro estágio vem antes de você dizer "Não"; o bebê ainda não entende e você está absolutamente no comando, e deveria estar. Você assume total responsabilidade, e essa responsabilidade diminui, mas não termina enquanto a criança não estiver crescida, ou seja, quando acaba a necessidade do controle que a família oferece.

Isso a que chamo de primeiro estágio pertence de fato à atitude parental, e o pai (se ele existe e se está por perto) logo participa do estabelecimento e da manutenção dessa atitude parental. Passarei aos dois próximos estágios mais tarde; eles têm a ver com palavras e o primeiro estágio não tem nada a ver com palavras. Assim, inicialmente a mãe, e logo os dois pais, podem assumir a tarefa de garantir que coisas inesperadas não aconteçam. Eles podem fazer isso de modo deliberado, mas é principalmente no corpo deles que isso acontece; é todo um modo de comportamento que reflete uma atitude mental. O bebê se sente seguro e absorve a autoconfiança da mãe exatamente como acontece com o leite. Durante todo esse tempo os pais estão dizendo "Não", estão dizendo "Não" *para o mundo*, eles dizem: "Não, mantenha distância, fique fora de nosso círculo; em nosso círculo está aquele de quem cuidamos e não permitimos que nada ultrapasse a barreira". Se a mãe ou o pai fica assustado, alguma coisa ultrapassou a barreira e o bebê é ferido, exatamente como se um barulho terrível tivesse entrado e provocado no bebê uma sensação tão aguda que se torna insuportável. Nos ataques aéreos, os bebês não tinham medo das bombas, mas eram imediatamente afetados quando suas mães entravam em pânico. Porém, a maioria dos bebês passa pelos primeiros meses sem nunca ter sofrido dessa maneira e quando, mais tarde, o mundo tem de romper as barreiras, a criança em crescimento já começou a desenvolver formas de lidar com o inesperado e começou até a ser capaz de adivinhá-lo. Poderíamos falar sobre as diversas defesas que a criança em desenvolvimento adquire, mas isso seria uma discussão completamente diferente.

Dessa fase inicial em que você assume que é responsável vem o senso de responsabilidade parental – algo que distingue pais de filhos e talvez torne absurdo o jogo que algumas pessoas gostam de jogar, em que mãe e pai esperam ser apenas amigos das crianças. Mas as mães têm de ser capazes de começar, por fim, a informar as crianças sobre os perigos dos quais as protegem, e também de informá-las do tipo de comportamento que afetaria o amor e o apreço da mãe. Então elas se pegam dizendo "Não".

Podemos agora ver o início do segundo estágio, no qual, em vez de dizer "Não" ao mundo à sua volta, a mãe diz "Não" à criança. Isso tem sido referido como introdução do princípio de realidade, mas não importa que nome se dá; a mãe e o marido gradualmente apresentam o bebê à realidade e a realidade ao bebê. Uma maneira de fazer isso é pela proibição. Você ficará feliz ao me ouvir falando isso: dizer "Não" é uma maneira, porque a proibição é apenas uma das duas maneiras. A base do "Não" é "Sim". Existem alguns bebês que são criados com base no "Não". A mãe talvez sinta que a segurança reside apenas em apontar inúmeras situações de perigo. Mas é lamentável que a criança tenha de conhecer o mundo dessa maneira. Uma grande proporção de crianças pode fazer uso do outro método. O seu mundo em expansão tem uma relação com o número crescente de objetos e tipos de objetos para os quais a mãe é capaz de dizer "Sim". O desenvolvimento do bebê, nesse caso, tem mais a ver com o

4. DIZER "NÃO"

que a mãe permite do que com aquilo que ela proíbe. O "Sim" forma o pano de fundo ao qual o "Não" é adicionado. É claro que isso não pode englobar tudo o que tem de ser feito; é meramente uma questão que indica se o bebê está se desenvolvendo mais em uma linha ou em outra. Os bebês podem ser muito desconfiados desde os primeiros dias, e devo lembrar a vocês que existem todos os tipos de bebês; mas a maioria deles consegue confiar na mãe, pelo menos por um tempo. Em geral, eles recorrem a coisas e alimentos que descobrem ter a aprovação da mãe. Não é verdade que todo o primeiro estágio é um grande "Sim"? É "Sim" porque você nunca deixa de apoiar o bebê. Você nunca fracassa em sua tarefa geral. É um grande "Sim" não dito e fornece uma base sólida para a vida da criança no mundo.

Sei que é mais complexo. Logo cada bebê se torna agressivo e desenvolve ideias destrutivas e, naturalmente, a confiança fácil do bebê na mãe é prejudicada; às vezes, ela não se sente nada amistosa em relação à criança, embora continue sendo si mesma. Mas não precisamos lidar com essa questão complicada aqui, porque temos muito em que pensar quando percebemos como o mundo se torna rapidamente complexo na realidade, na realidade externa. Por exemplo, a mãe tem uma série de coisas que não deve fazer e a avó prestativa tem outra série de coisas, ou a babá, se houver uma. As mães também não são todas cientistas; elas têm toda espécie de crenças infundadas. Poderíamos encontrar uma mãe, por exemplo, que teme que qualquer coisa verde seja venenosa, por isso não deve ser colocada na boca. Agora, como um bebê pode saber que um objeto verde é venenoso e um objeto amarelo é benéfico? E se o bebê for daltônico? Conheço um bebê que foi cuidado por duas pessoas, uma canhota e outra destra, e isso foi demais. Assim, são esperadas complicações, mas, de alguma forma, os bebês as superam; eles passam para o terceiro estágio, da explicação. Então, podem adquirir saber a partir de nosso conhecimento; podem aprender o que pensamos que sabemos, e o melhor é que agora estão prestes a ser capaz de discordar das razões que apresentamos.

Retomando o que eu disse, no início é uma questão de cuidado materno e dependência do bebê, algo parecido com a fé. Depois, é uma questão de moral; a versão materna de moralidade é necessária até que a criança desenvolva uma moralidade pessoal. E depois, com as explicações, existe enfim uma base para a compreensão, e a compreensão é ciência e filosofia. Não é interessante perceber o princípio de grandes coisas como essas já nesse estágio muito inicial?

Mais uma palavra sobre o "Não" de uma mãe. Não é esse o primeiro símbolo do pai? Em parte, os pais são como as mães e podem tomar conta e fazer tudo o que faz a mulher. Mas, como pais, parece-me que eles são os primeiros a surgir no horizonte da criança como o lado firme da mãe que permite que ela diga "Não" e persista nele. Gradualmente e com sorte, esse princípio do "Não" se materializa no homem, o Papai, que se torna amado, e até querido, e que pode administrar palmadas ocasionais sem perder nada. Mas ele tem que conquistar o direito de dar uma palmada se quiser dar uma palmada, e o conquista por meio de coisas como estar presente e não ficar do lado da criança contra a mãe. No começo, você pode não gostar da ideia de incorporar o "Não", mas talvez aceite um pouco o que quero dizer quando lembro que as crianças pequenas gostam que lhes digam "Não". Elas não querem brincar com coisas maleáveis o tempo todo; elas gostam de pedras, bastões e do chão duro, e gostam que lhes digam quando se afastar tanto quanto gostam de serem abraçadas.

5

CIÚME
[1960]

O que você acha do ciúme?[1] É bom ou ruim? Normal ou anormal? Ao ouvir a discussão que se segue, entre mães de crianças pequenas, seria uma boa ideia ter essa questão em mente todas as vezes que uma manifestação de ciúme é descrita. É esperado que haja ciúme ou alguma coisa está errada em algum ponto? Penso que a resposta tem de ser complexa, mas não faz sentido torná-la mais complexa do que o necessário, então selecionamos, em primeiro lugar, partes da discussão que tratam do tipo de coisa que acontece em todas as casas. Não me importo de dizer previamente que, em minha opinião, o ciúme é normal e saudável. O ciúme surge do fato de que as crianças amam. Se elas não têm capacidade de amar, elas não demonstram ciúme. Mais tarde, teremos de examinar os aspectos menos saudáveis do ciúme, em especial o de tipo oculto. Acho que você perceberá que, nas histórias que essas mães nos contam, o ciúme em geral acaba naturalmente, embora talvez recomece e desapareça de novo. Com o tempo, crianças saudáveis se tornam capazes de

---

[1] Quatro apresentações transmitidas pela BBC em 15, 22 e 29 de fevereiro e 2 de março de 1960.

dizer que estão com ciúmes, e isso lhes dá a oportunidade de discutir o motivo do ciúme, o que pode ajudar um pouco. Estou apresentando a ideia de que a primeira coisa a ser dita sobre o ciúme é que ele representa uma conquista no desenvolvimento do bebê, indicando a capacidade de amar.

Êxitos adicionais permitem que a criança tolere estar com ciúme. As primeiras manifestações de ciúme geralmente são relacionadas à chegada de um novo bebê, e sabe-se que não se evita o ciúme quando há apenas uma criança na família. Qualquer coisa que ocupe o tempo da mãe pode provocar ciúme, assim como outro bebê. Na verdade, acredito que as crianças que enfrentaram o ciúme e o aceitaram saem enriquecidas da experiência. É o que penso, e agora sugiro que ouçamos algumas mães respondendo a perguntas e falando sobre ciúmes.

"Sra. S., sei que a senhora tem oito filhos. Algum deles teve ciúmes dos outros?"

"Dois ou três deles tiveram. O primeiro bebê tinha quinze meses quando o segundo nasceu; eu estava amamentando o recém-nascido, que tinha cerca de três semanas, e a criança maior estava acariciando o cabelo da menor e dizendo 'ba-ba' com muito carinho. Falei: 'Sim, ele não é um doce?', e no minuto seguinte a voz mudou, a expressão mudou, e ele bateu na cabeça do bebê e disse 'ba-ba', então comecei a refletir que a criança não estava muito feliz com o bebê. Uma semana depois, eu estava pondo meu chapéu para sair e algo me fez olhar pela janela; o bebê estava prestes a ser atirado pra fora do cesto pelo irmão, então agi depressa, recolocando o maior em seu antigo lugar no carrinho e o bebê no cesto sob a barra. Fiz isso com todos eles e foi assim que descobri que não há mais problemas com o carrinho, eles não gostam de ser tirados de lá.

5. CIÚME

E aquela criança – a primeira – fez uma cena, chorou muito e bateu o pé, acho que foi por causa do bebê."

"Ele ainda é ciumento?"

"Nem um pouco. Ele superou isso. É o mais velho e agora tem muito orgulho de todos, mas foi ciumento por um tempo."

"Sra. L., o que aconteceu com seus três?"

"Bem, o mais velho tinha dois anos quando o irmão nasceu e três e meio quando a irmã nasceu. Ele era uma criança fácil e feliz e, ao ver o irmão pela primeira vez, simplesmente não demonstrou interesse. Tentamos prepará-lo para a chegada. Ele simplesmente não entendeu."

"Não, ele era um pouco novo, acho."

"Novo demais para entender. E a indiferença durou uma ou duas semanas e então chegou o dia em que ele viu o bebê no carrinho, ele já não entrava no carrinho fazia meses porque era muito grande, mas chorou, ressentido."

"O bebê tinha que idade?"

"Ah, três ou quatro semanas mais ou menos, e o mais velho chorou, ressentido, acho que foi quando começou. Depois disso, a cada troca do bebê, o mais velho ficava instantaneamente molhado ou sujo e levou muito tempo para melhorar, só melhorou quando ele ficou mais velho e compreendeu."

"O que aconteceu quando a irmã dele nasceu?"

"Ele sempre a tratou com muito amor e carinho, e o segundo menino também."

"Nenhum outro tipo de cisma de nenhum deles?"

"Não. Mas mais tarde ele se tornou agressivo quando o irmão conseguiu se sentar e prestar atenção."

"Você acha que isso foi um sinal de ciúme, não é?"

"Ah, com certeza foi. Um dia encontrei o mais velho tentando sufocar o bebê no carrinho, e ele era muito maldoso com o menor. E temo que eu retaliasse às vezes, pelo bem do bebê, simplesmente não podia suportar aquilo. Mas acho que não foi bom. Não melhorou em nada as coisas."

Esses parecem-me problemas familiares cotidianos. Vou relembrar a vocês a idade das crianças, porque a idade faz muita diferença. O menino que acariciava o cabelo do bebê sendo amamentado e que depois tentou jogá-lo no meio do caminho tinha quinze meses quando o bebê nasceu. Em seguida, veio o de dois anos que, no início, pareceu indiferente. Ele foi informado sobre o que esperar, mas talvez não pudesse compreender. Três semanas depois do nascimento do irmão, quando viu o bebê no carrinho que havia sido dele, chorou, ressentido. Ele superou isso com a ajuda solidária da mãe, porém, mais tarde, quando o irmão começou a se sentar e prestar atenção, ele se tornou agressivo e maldoso, e certa vez tentou sufocar o bebê, no carrinho. Só depois dos quatro anos ele adotou uma atitude mais amistosa. Nem ele nem o irmão tiveram ciúmes da irmã. Eis outro trecho da discussão das mães:

"Sra. T., e quanto aos ciúmes entre suas sete crianças?"
"Bem, o único ciúme que percebi foi entre as meninas."
"Quantas meninas você tem?"
"São apenas duas, veja... É um menino, uma menina, depois quatro meninos, e então outra menina. E Jean costumava viver perguntando: 'Podemos ter uma irmãzinha?'. E todas as vezes era um menino, ela ficava um pouco mal-humorada por um ou dois dias, mas logo passava. Bem, então, ela voltou da escola um dia e descobriu que tinha uma irmãzinha, no começo pareceu completamente animada. O problema foi que tive a bebê no dia dez, o aniversário de sete anos de Jean era no dia dezesseis...

5. CIÚME

> Não teve festa, eu não consegui fazer uma. Então, durante um mês, Jean voltava da escola à tarde, tomava o chá e ia direto para a cama e chorava sem parar. Não conseguíamos fazer nada por ela, ela não ouvia, mas achei que ela ia superar, sabe... Achei, de fato, que a faria contornar isso. Mas ontem a bebê estava doente, de cama, e eu disse a Jean, com toda a inocência que você imaginar: 'Jean, você pode ir buscar uma camisola para a Patricia?'. E Jean só deu as costas e disse: 'Não, por que eu faria isso? Ela mesma que vá buscar... Já está grandinha'."
>
> "Ela continua com com ciúme?"
>
> "Sim, parece que sim. Mas estava tudo muito tranquilo desde que Patricia tinha mais ou menos seis semanas. Agora ela fez dois anos, e de repente isso começou de novo."
>
> "Jean não tem nenhum tipo de ciúme dos irmãos?"
>
> "Não."

Uma semana antes do aniversário de sete anos de Jean sua irmãzinha nasceu e, como ela ficou sem festa de aniversário, se tornou violentamente ciumenta. Esse primeiro surto de ciúmes durou seis semanas, e tudo recomeçou quando ela tinha nove anos e a irmã, dois. Jean nunca se importou com a chegada dos irmãozinhos nessa família de sete crianças e, na verdade, ela sempre pediu uma irmãzinha. Suponho que a irmã que a pessoa tem de fato não é necessariamente a mesma irmã que deseja.

Agora, mais uma história:

> "Sra. G., e as suas crianças? Vocês tiveram algum caso de ciúme?"
>
> "Sim, tivemos. Minha menina de quatro anos e meio, ela estava completando três quando o irmãozinho nasceu e ela ficou muito animada por ter um irmãozinho ou, enfim, um bebê. Mas descobrimos, quase no primeiro instante, que, se eu estava com o bebê,

ela tinha de ir se sentar no colo do meu marido ou vice-versa; quando eu estava amamentando o bebê, ela queria que eu lesse para ela ou, pelo menos, ficasse com ela sentada ao meu lado."

"E isso se resolveu?"

"Resolveu, sim. A fase do ciúme passou, desapareceu, e as coisas ficaram calmas até o irmão estar com... Acho que um ano, mais ou menos, quando já ficava em pé, ativo, ocupando o cercadinho e assim por diante, e tivemos muitos problemas com os brinquedos. Peguei os brinquedos de quando ela era bebê para ele e, é claro, ela os reconheceu e ficava: "Esse é meu, esse é meu, esse é meu". E, com toda essa coisa de voltar a brincar com os brinquedos de bebê, descobri que eu tinha de arranjar mais brinquedos de bebê que fossem exclusivamente dele, ou não teria sossego."

"Ela não quis brincar com esses?"

"Não, não, não, ela não queria encostar nos brinquedos dele, mas se ela o visse brincando com os dela, mesmo que já não os pegasse fazia dois anos, ela queria de novo. Agora ele tem um ano e meio e está começando de novo, dessa vez porque ele está sempre em movimento e vai atrás das coisas dela."

"Um cabo de guerra entre eles?"

"Sim, isso mesmo. Ela organiza as coisas dela... Estou sempre dizendo a ela: 'Ponha em cima da mesa, onde ele não alcança', mas ela deixa em algum lugar baixo e, quando vira as costas, ele aparece e começa a espalhar pela casa toda. Ela fica realmente furiosa... Mas, na verdade, ela é muito paciente com ele."

Essa menina tinha quase três anos quando o irmão nasceu. Ela ficou animada, mas se sentia substituída pelo bebê quando ele estava no colo da mãe e então ia até o pai, como alternativa. Quando o bebê tinha um ano e ela quatro, começou a se ressentir,

5. CIÚME

pois o bebê se apossou de seus brinquedos. Mesmo os brinquedos com que ela parecia não ter mais vínculos. Vocês observaram que ela deixava os brinquedos onde ele podia alcançá-los? A mãe dela diz que ela é muito paciente com o irmão na maior parte do tempo, e tenho a sensação de que a menina realmente gosta que ele pegue seus brinquedos, embora ela proteste; talvez ela sinta tanto do ponto de vista dele quanto do dela.

Agora que vocês ouviram a todas essas histórias, têm a sensação, como eu, de que esses ciúmes fazem parte de uma vida familiar saudável?

———

Venho me fazendo a pergunta: como e quando o ciúme começa? E o que tem de existir antes que a palavra "ciúme" ou "inveja" comece a ser usada e faça sentido? Introduzo a palavra "inveja" porque ciúme e inveja estão em associação muito próxima, pois a criança que tem ciúme de um novo bebê inveja a posse desse bebê sobre a atenção da mãe. Percebi que as mães que estavam conversando sobre seus bebês, não casualmente, não falam sobre ciúme em nenhuma criança com menos de quinze meses. Imagino o que vocês diriam sobre isso. Creio que indícios de ciúme e inveja pudessem ser detectados antes dos quinze meses, mas não muito antes. Aos nove meses, por exemplo, um bebê seria muito novo, muito imaturo como pessoa para ter ciúme. Com um ano, provavelmente não; possivelmente em alguns momentos; mas aos quinze meses, com certeza. Aos poucos, à medida que as crianças crescem, o ciúme também se relaciona a coisas mais complexas, mas no começo é bastante óbvio que está ligado a um relacionamento que foi perturbado ou a uma ameaça de posse que representa um relacionamento. É o relacionamento com a mãe a base do ciúme, e passa a incluir o pai à medida que o tempo passa. Descobrimos que muitos dos ciúmes mais precoces são obviamente em relação à mãe, e em geral estão centrados na amamentação. Isso porque, para o bebê, no início, a amamentação é algo muito vital. Para a mãe, amamentar é apenas uma das muitas coisas que ela faz pelo bebê, mas também para ela pode ser muito importante. Aqui, um trecho da discussão entre algumas das mães.

> "Existe uma diferença de vinte e dois meses entre eles e quando o segundo nasceu – tive o segundo em casa – meu menino o viu com poucos minutos de nascido, mais ou menos, e por alguns dias ficou tudo bem. Então, ele acabou me vendo amamentar e daquele momento em diante, durante mais ou menos dois meses, ele ficava parado e gritava todas as vezes que eu amamentava o bebê, e não havia nada que eu pudesse fazer. Tentei tudo para acalmar aquela criança e dar-lhe todo o conforto que eu podia, mas é muito difícil quando se está amamentando, e ele simplesmente ficava parado gritando. Mas depois de cerca de dois meses ele superou aquilo e parecia ter superado o ciúme também, então quando a criança... A segunda começou a ficar sentada, com sete ou oito meses... Tivemos o mesmo espetáculo outra vez, não os gritos, mas o ciúme."
>
> "Isso, a minha era um pouco mais nova; devo dizer que fiquei muito intrigada porque ela não tomava mamadeira por... Ah, algum tempo... Ela havia se esquecido de como sugar. Fiquei chocada com isso porque ela apareceu e ela... Quando eu estava alimentando a menor, e quis experimentar também, então pensei, tudo bem... Mas ela não tentou... Assim que a aproximei, ela ficou um pouco revoltada. Pensei, tudo bem, experimente se quiser, veja o que acontece... E ela se aproximou várias vezes...

5. CIÚME

Fez isso bem recentemente, como uma espécie de gracinha. Eu não a afastei, eu disse: 'Venha, experimente', e ela não quis. Mas agora ela começou a tomar uma mamadeira, porque a bebê agora está com mamadeira, e dou a ela uma mamadeira pequena horrível, pobrezinha, uma coisa minúscula, mas como um símbolo, sabe?"

"A minha mais velha se senta no meu colo enquanto o bebê está mamando, e estou amamentando no peito, então vocês podem imaginar que é tudo um tanto bagunçado. (*risos*) Ela adora isso, dá tapinhas e faz carinho na cabeça do bebê... Mas ela só tem dezessete meses, vejam, então é um tanto diferente."

"Tivemos ciúmes entre os dois mais velhos, não entre o segundo e o terceiro; mas entre os dois primeiros, minha menininha, quando chegou o segundo, ela queria ficar no colo do meu marido ou ganhar algo especial, ou que eu ficasse lendo para ela enquanto eu estava amamentando o bebê e esse tipo de coisa, e depois a fase passou. Agora o garotinho está com dezessete meses e nós temos essas brigas horríveis. Se um está com uma coisa, o outro a quer, e ele é um menininho agora... É claro que houve uma época em que ela conseguia tirar qualquer coisa dele. Ela é três anos mais velha... Mas agora ele consegue controlar muito bem qualquer coisa que pegue, e briga... Ele não grita, mas briga muito furioso com ela. Mas os dois gostam muito do bebê, vê-se em seus gestos e assim por diante, e nenhum dos dois parece ter ciúme do mais novo."

"Isso com certeza não é ciúme, quando eles só brigam para ter as coisas, é..."

"É porque eles querem minha atenção."

"Oh, entendo."

"Veja, um brinquedo de bebê que eu dou ao menino – algo para o que a menina já é grande e deixou para trás... Como

> dei aquilo para ele, ela vai querer imediatamente; e se eu não tivesse dado para o menino, se tivesse deixado em cima da mesa, onde ela poderia alcançar se quisesse, ela nem teria prestado atenção."

A partir disso você pode ver que muita coisa tem a ver com a alimentação. Posso usar a última parte da conversa para ilustrar o que quero dizer. Estou pensando na menininha que estava francamente com ciúmes do segundo bebê, um menino, e isso passou. E depois ela e o menino, que agora tem dezessete meses, travam guerras terríveis por causa de brinquedos. Mas é diferente o jeito como ela fica com ciúmes e o jeito como ele apenas aguenta e briga. Uma mãe disse: "Isso não é ciúme, é apenas uma briga para ter as coisas". Eu concordo, mas é exatamente aqui que podemos observar a forma como o ciúme se desenvolve. Eu disse que existe uma idade para o ciúme. Agora quero explicar que depois de certa idade a criança fica com ciúmes e antes dessa idade a criança fica apenas agarrada a uma posse. Primeiro vem a posse, depois vem o ciúme.

Não posso deixar de me lembrar de uma agência de teatro que usa o seguinte lema nos anúncios: "Você quer os melhores lugares; nós os temos". Isso sempre me deixa com um ciúme doido, tanto que tenho vontade de sair correndo para conseguir os lugares que quero e eles têm. O problema é que tenho que pagar por esses lugares. Usando isso como exemplo, posso dizer que até certa idade um menino ou menina proclama o tempo todo: "Tenho a melhor mãe" – só que não com essas palavras. Com o tempo, chega o momento que a criança pode declarar: "Tenho a melhor mãe – você a quer". Este é um novo desdobramento doloroso.

5. CIÚME

Mas, para ter uma sequência clara dos acontecimentos, precisamos voltar um pouco. Existe uma época, antes de o bebê proclamar, por assim dizer: "Tenho a melhor mãe". Nesse estágio inicial, a melhor mãe é assumida como fato. Não há lugar para propaganda. A mãe, e tudo o que a representa, é tido pelo bebê como garantido. Depois vem: "Tenho a melhor mãe", e isso marca o início da compreensão do bebê de que a mãe não é apenas parte do self do bebê, mas que ela vem de fora, e pode não vir, e pode haver outras mães. Para o bebê, a mãe se torna então uma posse, que pode ser tomada ou abandonada. Tudo isso deve esperar pelo desenvolvimento da criancinha, o qual chamamos de crescimento emocional. E então vem a segunda parte do lema: "você a quer". Mas isso ainda não é ciúme, é uma questão de defesa de posse. Aqui a criança se apega com firmeza. Se o teatro fizesse isso, não conseguiríamos ir ao teatro. Então, por fim, vem o reconhecimento de que a posse central, a mãe, pode pertencer a outra pessoa. A criança agora é uma das pessoas que desejam, não das que têm. Outra pessoa tem. É nesse momento que o ciúme se torna a palavra certa para descrever as mudanças que acontecem na criança quando um novo bebê aparece como um fantasma da própria criança no passado, mamando no peito ou dormindo tranquilamente no carrinho.

Vou repetir o que já disse. Eu me referi à primeira infância, na qual o que é desejável é parte do self, ou faz uma aparição como se tivesse sido criado a partir da necessidade do bebê. As idas e vindas são consideradas naturais pelo bebê. Então, a coisa ou pessoa amada se torna parte de um mundo externo ao bebê e é uma posse a ser mantida ou perdida. Qualquer ameaça de perda de propriedade leva à angústia e ao apego feroz ao objeto. Com o passar do tempo e com o maior desenvolvimento, o bebê se torna aquele que ameaça, aquele que odeia qualquer coisa nova que apareça, que chama a atenção da mãe, como o novo bebê ou talvez apenas o livro que ela está lendo. Agora se pode dizer que o ciúme foi alcançado. A criança inveja o novo bebê ou o livro e faz todos os esforços para recuperar a posição perdida, mesmo que só por algum tempo ou de forma simbólica. Por isso, nos primeiros momentos de ciúme é comum vermos as crianças tentando voltar a serem bebês, mesmo que apenas de alguma forma ou por algum tempo. Podem até querer reviver a experiência de mamar no peito. Mas as crianças com frequência anseiam por serem tratadas como seriam tratadas se possuíssem a posse plena, quando eram elas que possuíam e elas não conheciam ninguém que não possuía mas queria. Vocês podem se lembrar da discussão no programa da semana passada de uma criança que começou a fazer xixi nas calças e acabaram de ouvir uma mãe contar que deu novamente uma mamadeira pequena à filha mais velha. Como um símbolo, disse a mãe.

Quando se pensa em tudo o que acontece internamente na criancinha enquanto os dias e semanas passam, é fácil perceber por que é necessário um ambiente confiável, e é exatamente isso que você, melhor do que ninguém, pode dar à sua criança. Você muitas vezes se pergunta: existe certo ou errado? Mas é mais interessante ver as coisas em termos do crescimento e desenvolvimento da criança.

As histórias na discussão mostram que o ciúme tende a desaparecer, e quero examinar como isso acontece. O que isso significa depende do desenvolvimento que está acontecendo o tempo todo na criança. Acho que você gostaria de saber que tipo de coi-

5. CIÚME

sas acontecem na criança, apenas por uma questão de interesse. Quando as coisas dão errado, como acontece de vez em quando, você fica em desvantagem se estiver trabalhando às cegas. Se sabe o que está acontecendo, você se torna menos sensível às críticas e aos comentários ao acaso de transeuntes.

Quero falar sobre três maneiras pelas quais as coisas que acontecem na criança permitem que o ciúme chegue ao fim. A primeira é a seguinte. O ciúme é o que vemos quando a criança está em um estado de conflito agudo. Pode ser apenas ansiedade, exceto que a criança sabe a causa. A criança com ciúme está, na verdade, passando pela experiência de amor e ódio, ambas ao mesmo tempo, e se sente péssima. Vamos pensar na criança. No começo, talvez, até mesmo para a criança parece ótimo ver o novo bebê sendo cuidado e alimentado. Aos poucos, fica claro, entretanto, que quem está ali não é a própria criança, e sim outra, e o amor da mãe produz uma raiva extrema, raiva do novo bebê, raiva da mãe, ou simplesmente de tudo. Parte da raiva se torna manifesta. A criança grita; talvez chute; ou bata; ou faça uma confusão. Em termos de imaginação, tudo está estragado, quebrado, destruído. Com certeza o que provoca o novo desenvolvimento é a sobrevivência do mundo, do bebê, da mãe. O novo desenvolvimento é o reconhecimento, por parte da criança, dessa sobrevivência. Essa é apenas mais uma maneira pela qual a criança pequena começa a separar a fantasia da realidade. Na imaginação da criança, o mundo foi destruído pela raiva, como se fosse uma bomba atômica, mas sobrevive e a atitude da mãe permanece inalterada.

É seguro, portanto, destruir imaginariamente, odiar. E tendo isso como ajuda, a criança torna-se capaz de se contentar apenas em gritar, bater e chutar um pouco, o que com certeza seria apropriado.

Em poucas semanas o ciúme se transformou em outra coisa, na experiência de continuar amando, um amor que é complicado por ideias de destruição. O resultado, para nós que estamos observando, é que vemos uma criança que às vezes fica triste. É triste amar algo ou alguém e sonhar que aquilo que amamos é machucado.

Um alívio adicional vem do fato de que, nos sonhos destrutivos, a coisa ferida pode ser algo que representa a mãe ou o bebê, talvez um gato, ou um cachorro, ou uma poltrona. Junto com a tristeza da criança vem algum grau de consideração [*concern*] pelo bebê ou qualquer que seja o objeto do ciúme. Mas as mães sabem que não podem confiar de início na consideração da criança, porque a consideração, durante algum tempo, se transforma muito rapidamente em ataque de ciúme, e se ninguém estiver por perto alguém sai ferido.

Meu argumento aqui é que a vida imaginativa começa a funcionar e a oferecer à criança um alívio de sua necessidade de ação direta, e isso dá tempo e oportunidade para o surgimento, na criança, de um senso de responsabilidade. A segunda maneira pela qual acredito que o ciúme pode chegar ao fim é pelo poder crescente da criança de absorver experiências satisfatórias e torná-las parte do self. Desenvolve-se a acumulação de boas memórias na criança, memórias de ser bem cuidada; memórias de boas sensações; de ser banhada; de gritar; de sorrir; de encontrar as coisas exatamente quando e onde elas são esperadas, melhor até do que se poderia esperar. E ocorre também a construção de memórias de satisfação que acompanham orgias de excitação, especialmente a amamentação.

Todas essas coisas poderiam ser somadas e chamadas de ideia de mãe ou de mãe e pai. Há uma razão pela qual o ciúme muitas vezes não aparece numa criança, porque a criança já o recebeu o suficiente, pelo menos o suficiente para poder poupar um pouco.

A terceira maneira é um pouco mais complicada. Tem a ver com a capacidade de uma criança viver através das experiências dos outros. Chamamos isso de colocar-se no lugar do outro. Mas essa expressão soa um pouco engraçada quando a outra pessoa é um bebê sendo amamentado no peito ou sendo banhado ou que dorme em um berço. No entanto, será que as crianças pequenas conseguem fazer isso? Algumas demoram muito tempo, até anos, antes de se permitirem não apenas ver o ponto de vista da outra pessoa, mas realmente aproveitar um pouco mais da vida que a outra pessoa está desfrutando. É fácil ver as crianças – tanto meninos quanto meninas – se identificando com suas mães. Elas permitem que a mãe seja a mãe concreta enquanto brincam de ficar no lugar dela, se imaginando nessa posição. Eis um trecho da discussão que ilustra isso:

> "Sra. G., e o novo bebê da sua família?"
>
> "Bem, nenhuma das crianças – nenhuma das mais velhas – demonstrou ciúme do novo bebê, mas elas demonstraram ciúme, ambas, uma da outra, por tocarem no bebê, acariciá-lo ou segurá-lo."
>
> "Uma espécie de rivalidade?"
>
> "Sim, rivalidade entre elas. Digamos que estou sentada e tenho o bebê no colo e a menina mais nova vem conversar com o bebê. Imediatamente a menina de um ano e meio virá correndo e tentará tirá-la do caminho com uma cotovelada, antes que ela tenha oportunidade de olhar o bebê. E a partir desse ponto começa uma espécie de cabo de guerra para ver quem vai ficar com o bebê."
>
> "O que você faz?"

"Bem, nesse caso envolvo o bebê com um braço protetor e garanto que elas se afastem, para dar a ele espaço para respirar."

"Essa é uma ocorrência comum?"

"Sim, acho que sim... Começam a puxar o bebê: 'É a minha vez de segurar o bebê' ou 'É a vez dela'. Ele é muito novo para ser deixado com elas, o bebezinho que fica no meu colo. Até que as duas se sentam e dou o bebê a uma delas sem soltá-lo de fato, e conto até dez: 'Certo, agora a outra'. É uma boa ideia, mas não funciona de verdade."

Este é outro exemplo em que uma menina pequena parece se identificar com o irmãozinho:

"A fase do ciúme passou, desapareceu, e as coisas ficaram calmas até o irmão estar com... Acho que um ano, mais ou menos, quando já ficava em pé, ativo, ocupando o cercadinho e assim por diante, e tivemos muitos problemas com os brinquedos. Peguei os brinquedos de quando ela era bebê para ele e, é claro, ela os reconheceu e ficava: "Esse é meu, esse é meu, esse é meu". E, com toda essa coisa de voltar a brincar com os brinquedos de bebê, descobri que eu tinha de arranjar mais brinquedos de bebê que fossem exclusivamente dele, ou não teria sossego."

"Ela não quis brincar com esses?"

"Não, não, não, ela não queria encostar nos brinquedos dele, mas se ela o visse brincando com os dela, mesmo que já não os pegasse fazia dois anos, ela queria de novo. Agora ele tem um ano e meio e está começando de novo, dessa vez porque ele está sempre em movimento e vai atrás das coisas dela."

"Um cabo de guerra entre eles?"

"É, isso mesmo. Ela organiza as coisas dela... Estou sempre dizendo a ela: 'Ponha em cima da mesa, onde ele não alcança',

5. CIÚME

> mas ela deixa em algum lugar baixo e, quando vira as costas, ele aparece e começa a espalhar pela casa toda. Ela fica realmente furiosa... Mas, na verdade, ela é muito paciente com ele."

Quando usamos isso em nosso primeiro programa sobre ciúmes, eu disse: "Tenho a sensação de que ela realmente gosta que ele pegue seus brinquedos, embora ela proteste". Acrescentei: "Talvez ela sinta tanto do ponto de vista dele quanto do dela". O enriquecimento criativo vem da capacidade de viver imaginativamente a experiência dos outros, se isso puder ser feito sem perda da noção do que é estritamente a experiência do self. Essa é uma das maneiras como a brincadeira começa, e na brincadeira imaginativa não há limite para esse processo de identificação com as pessoas e as coisas. A criança pode ser um aspirador de pó ou um cavalo; pode ser rainha ou príncipe; ou pode ser o novo bebê; ou a mãe alimentando o bebê; ou o pai. Não podemos fazer uma criança ser capaz de brincar, mas ao proteger, tolerar, esperar e fazer centenas de coisas sem pensar, estamos facilitando o desenvolvimento da criança. Há muito mais que poderia ser dito, mas talvez isso seja suficiente para mostrar que, quando o ciúme desaparece, isso se deve ao desenvolvimento que ocorreu na criança, possibilitado por cuidados consistentes.

Já falei sobre o ciúme como algo saudável e normal nas crianças pequenas, algo que significa que elas amam, e que já fizeram avanços consideráveis em sua jornada para sair da total imaturidade com que começaram. Também falei sobre alguns desenvolvimentos que, em cada criança, tornam possível que o ciúme deixe de ser um recurso. Argumentei o tempo todo dizendo que esses desenvolvimentos do bebê e da criança pequena não podem ocorrer satisfatoriamente sem aquilo que você pode proporcionar, o relacionamento ativo em que a criança encontra um tipo de confiança viva, que depende de você ser o que é.

Junto com esse aspecto geral que você fornece, há algumas coisas especiais que você promove e que fazem a diferença. Por exemplo, ajudar seu filho a prever o que vai acontecer. Quando você sabe que uma grande mudança deve acontecer na vida do bebê, você tenta dar algum aviso. Se você inclui um novo alimento, você o deixa provar e depois não interfere; provavelmente o bebê logo vai querer a novidade que você preparou. Da mesma forma, você tenta avisar quando está segura em sua nova gravidez e tem certeza de que terá um novo bebê. Pode parecer que seria mais fácil se pudesse usar palavras, se pudesse explicar, mas duvido. Naturalmente, se a criança já entende a linguagem, você explica com palavras e histórias, e com a ajuda de livros ilustrados. Curioso seria se você não fizesse isso. Mas o que faz a diferença é sua atitude, e a sua atitude afeta a questão bem antes que a linguagem possa ser compreendida. Se, por exemplo, uma nova gravidez lhe parece agradável e natural, você pode deixar a criança saber, aos poucos, que há um motivo pelo qual se sentar em seu colo já não é exatamente como era antes. Seu menino ou menina sente que você tem algo importante ali dentro. Caso você seja alguém que não aceita facilmente a gravidez e as mudanças que ela traz (e há muitas pessoas assim), um mistério crescerá e a criancinha, cuja vida está prestes a ser muito transformada pelo nascimento de um novo bebê, não estará, de forma alguma, preparada quando o novo bebê chegar. É mais fácil quando a criança afetada é um pouco mais velha. Escute isto:

5. CIÚME

> "Fiquei muito ansiosa quando tive Roger. Vocês sabem, eu tinha duas meninas, de catorze e treze anos, e queria outra criança enquanto ainda podia ter uma, e estava muito confusa sobre o que fazer a respeito. Conversei com as meninas e perguntei como elas receberiam a ideia de eu ter outro bebê. E... o que é algo estranho de fazer, não é, antes mesmo de conceber uma criança, discutir isso com as outras, mas achei que não era má ideia. Elas ficaram muito animadas e acharam que era algo maravilhoso e que adorariam ter uma criança, um bebê. Então, todas decidimos que seria um menino. Susan, minha filha mais nova, na época com treze anos... Roger foi prematuro e eu disse à parteira ao iniciar o trabalho de parto... Que ela avisasse a Susan e, se ela quisesse entrar e assistir ao parto, ela podia fazer isso. E ela veio correndo antes da escola, eu estava com contrações. Então eu disse: 'Bem', inspirando fundo e pensando que poderia arruinar a vida da criança... 'Bem, essa é a dor do parto, e é como vai acontecer com você.' Ela me deu um beijo carinhoso e disse: 'Bom, acho que você ainda ficar horas assim'. Olhem só. 'Vejo você depois da escola', e foi embora. Agora ela vai ter o próprio bebê, no mês que vem, e acho que ela está adorando isso plenamente. Bem preparada, eu diria."

Aquela menina tinha treze anos e é claro que a mãe conversou com ela, mas acho que o que contou foi a atitude da mãe. E as crianças mais novas? As crianças de um ou dois anos estão muito longe de compreender por que há vinte e nove dias em fevereiro deste ano, e ainda assim é bem possível, não é, que com um ou dois anos elas se sintam um pouco na posição de ser mães de um bebê? Estou falando de sentimentos, não da mente da criança. A maioria das crianças de um ano têm algum objeto de que elas cuidam de um modo ainda cru, e logo elas estão, é óbvio, brincando de mães e bebês.

Eu disse que você ajuda a criança a prever. Há outras coisas que você faz. Por exemplo, você tenta ser justa, e isso é muito difícil; tudo o que você pode fazer é tentar. E você pode esperar não ter um grande favorito; exceto, é claro, o novo bebê no início, que precisa sentir que tem tudo de você. Você e o pai da criança compartilham a responsabilidade de várias maneiras. E é para o pai que a criança se volta naturalmente quando está insatisfeita com a mãe e com a nova preocupação da mãe. Os pais, em sua maioria, gostariam de ajudar e odeiam ficar tão ocupados no trabalho que não têm utilidade prática.

E, mais uma vez, em termos gerais não damos objetos preciosos de outras crianças para o novo bebê, e sim permitimos que cada bebê comece do zero a colecionar objetos e a se adaptar. Portanto, embora os principais desenvolvimentos que estão acontecendo na criança sejam possíveis porque ela pode confiar em você, há também muitas coisas que você faz para enfrentar momentos especiais de estresse.

Você sabe, imagino, que sentimentos extremos estão envolvidos e que, na verdade, as crianças pequenas não sentem as coisas menos do que nós. Eu me pergunto se elas não as sentem mais. Nós, adultos, nos consideramos sortudos por termos encontrado maneiras de manter contato com algo da intensidade da vivência que faz parte da primeira infância. As crianças pequenas não apenas sentem as coisas com a máxima intensidade, mas também não conseguem se distrair do que realmente as incomoda. Ainda não tiveram tempo de organizar métodos pessoais para lidar ou afastar sentimentos muito dolorosos, por isso gritam; e é por isso que faz tanta diferença quando você pode ajudar seu filho pequeno a prever algo fora do comum que vai acontecer.

5. CIÚME

No período de espera por um acontecimento previsto, certo arranjo de defesas pode ser estabelecido na personalidade da criança. Mais ou menos como o que você vê na mesa quando as crianças brincam com soldadinhos e organizam exércitos para defender ou atacar um forte. A ideia de que os sentimentos das crianças pequenas são muito intensos e que as ansiedades e os conflitos são tão dolorosos para elas que precisam organizar internamente suas defesas leva-me ao último fator que quero mencionar nesta apresentação sobre ciúmes. Tem a ver com o ciúme anormal. Muitas vezes as coisas acabam dando errado. Ou o ciúme não cessa e continua como ciúme manifesto ou passa despercebido, por assim dizer, e distorce a personalidade da criança.

Na educação das crianças não faz sentido buscar a perfeição. Muito do que dá errado é corrigido com o tempo; ou pelo menos é corrigido bem o suficiente para não transparecer. Mas algumas coisas não são corrigidas. Quando eu disse e repeti várias vezes que o ciúme é normal e saudável, estava falando de crianças pequenas. No crescimento e desenvolvimento da personalidade, surge em cada menino ou menina uma capacidade de tolerar o sentimento de ciúme, de manter silêncio sobre ele e de usá-lo como estímulo para a ação. Se um amigo seu tem algo melhor do que aquilo que você tem, você pode facilmente esperar, talvez você consiga obter aquilo ou talvez fique feliz por ter comprado outra coisa. Você as compara. Imagino que haja muitas coisas em você que outras pessoas invejam. Faz parte da vida e da convivência entre pessoas.

Você se tornou adulta para administrar essas coisas com bastante facilidade, mas você começou como eu, sem grande habilidade para aguardar pelo momento propício. Porém devemos admitir que em algumas pessoas existe uma distorção permanente da personalidade. Você pode conhecer um vizinho com temperamento ciumento. Pessoas assim conseguem, geralmente sem saber o que estão fazendo, provocar seu ambiente imediato a agir de uma maneira que suscita nelas o ciúme. Essas pessoas são infelizes e é desconfortável conviver com elas, e eu não diria que esse tipo de ciúme é saudável.

Na conversa houve uma mãe que foi particularmente sincera ao falar de si mesma e da forma como o ciúme do irmão perdurou:

> "Bem, eu era filha única... aos três anos minha mãe me presenteou com um irmãozinho. Não achei muito engraçado. Eu tinha ciúmes quando era criança, e costumava mordê-lo, eu mordia... Ele nunca soube que eu tinha feito isso, veja bem, e nunca admiti que fiz... Mas mesmo agora – tenho vinte e nove anos, meu irmão tem vinte e seis – e mamãe vai dizer: 'É o seguinte. Acabei de comprar para o William isso ou aquilo'. E eu digo: 'Ah, comprou?'. Vocês entendem? Uma espécie de 'Eu não ligo'. Ela diz: 'Tudo bem, tudo bem, o que devo comprar para você?'. E ela me fala exatamente quanto gastou com o William e faz questão que eu receba exatamente o mesmo valor. Ela comprou para ele um anel de sinete... Eu sei que é bobagem, eu sei que é maldade, quer dizer, sou casada e ele não é casado, mas se ela comprar um anel de sinete para ele eu imediatamente volto e digo: 'Ele não tem condições de comprar sozinho?', entende? Ganhei um anel com a pedra do meu signo na semana seguinte."

No caso de pessoas que têm, de fato, um temperamento ciumento, podemos ter certeza de que já houve, em seus primeiros dias, um bom motivo para o ciúme. O que é lamentável para as pessoas realmente ciumentas é que elas não tiveram nenhuma oportunidade clara de ficarem irritadas, ciumentas ou agressi-

5. CIÚME

vas quando isso teria sido sensato e administrável. Se tivessem tido essa oportunidade, provavelmente teriam superado a fase do ciúme e saído dela, como acontece com a maioria das crianças. Em vez disso, o ciúme foi diretamente interiorizado e sua causa verdadeira se perdeu, e motivos errados para o ciúme são apresentados o tempo todo agora e alega-se que eles são justificáveis no presente. A maneira de evitar tal distorção é dar às crianças pequenas o tipo de cuidado precoce que lhes permita sentir ciúmes no momento apropriado. Suponho que, quando saudável, o ciúme se transforme em competitividade e ambição.

6

O QUE INCOMODA?

[1960]

Existem pessoas que ficam bastante chocadas se descobrem que podem sentir coisas diferentes além de amor por suas crianças pequenas.[1] Se você escutar a conversa a seguir, descobrirá que essas mães são pessoas muito seguras sobre o amor; elas o tomam como natural e não se inibem ao falar do lado oculto da vida doméstica. Essas mães foram convidadas a falar sobre o que sentiam como incômodo e aparentemente não encontraram dificuldade em responder ao convite. Começamos aqui:

> "Bem, quis que vocês viessem aqui esta tarde para me contar o que consideram incômodo em ser mãe. Sra. W., para começar, quantos filhos você tem?"
> "Tenho sete, as idades vão de vinte a três anos."
> "Você acha, de fato, que é um trabalho muito incômodo ser mãe?"

---

[1] Três apresentações transmitidas pela BBC em 14, 21 e 28 de março de 1960.

6. O QUE INCOMODA?

"Bem, sim, eu acho. Acho, em termos gerais, para ser muito sincera. Acho que em uma família a dificuldade está, realmente, nas coisinhas chatas, como a desordem constante, ir atrás deles tentando tirá-los da cama... Acho esse tipo de coisa incômodo."

"Sra. A.?"

"Bem, só tenho duas crianças, uma pequena e um bebê, e é claro que é a pobre da pequena que me irrita. Como para a sra. W., são coisinhas e a falta de tempo para lidar com as crianças... Parece ser sempre uma correria e meu filho mais novo sempre quer fazer alguma outra coisa quando precisamos nos aprontar para sair em um piscar de olhos."

"Sra. S.?"

"Sim, tenho duas meninas, uma de três e uma de apenas um ano, e acho que concordo com as duas mães... Que o tempo é uma coisa importante, que nunca há tempo suficiente para fazer tudo o que eu gostaria de fazer."

"Você quer dizer que há outras coisas além de cuidar das crianças que você gostaria de estar fazendo e não está... Coisas para você?"

"Bem, sim, acho que existem. Amo cuidar das crianças e, no geral, acho que é uma tarefa bastante gratificante, mas apressada. Acho que quando fico cansada é particularmente difícil. Às vezes, fico cansada. Faço o melhor para não ficar, mas não é muito fácil..."

"O que você acha que causa o cansaço das mães? Acha que tem muitos trabalhos para fazer em um tempo limitado ou é uma espécie de luta contra a situação?"

"Não, acho que são muitos trabalhos para fazer em um tempo limitado. Digamos, às seis da tarde, na hora de dormir, você tomou chá com as crianças e a louça do chá precisa ser lavada, a outra criança precisa ser alimentada e o jantar tem de ser pre-

> parado para seu marido... Tudo a ser feito em cerca de uma hora." (*risos*)

Eis um bom começo. Com vários filhos, não há como a sua casa parecer arrumada e é impossível manter a mente organizada. É sempre uma correria, porque é preciso ficar de olho no relógio e todas essas coisas. E as crianças – as menores, ao menos – ainda não chegaram à idade em que pode ser divertido se adaptar e copiar os adultos. O mundo foi feito para elas, que agem tomando isso como pressuposto. Então, há essa questão do cansaço, que é sempre importante. Quando você está cansada, coisas que geralmente são interessantes podem se tornar enfadonhas, e, se você não dormiu o suficiente, está lutando contra a necessidade de dormir, e com isso você está menos disponível para apreciar todas as coisas muito interessantes que as crianças estão fazendo, que são os sinais diários do desenvolvimento delas.

Você deve ter notado que desta vez estou falando sobre as mães e seus sentimentos, e não sobre as crianças de quem elas cuidam. É muito fácil idealizar o trabalho de uma mãe. Sabemos bem que todo trabalho tem suas frustrações e suas rotinas chatas e seus momentos em que é a última coisa que alguém escolheria fazer. Pois bem, por que os cuidados maternos com bebês e crianças não deveriam ser pensados do mesmo modo? Acho que daqui a alguns anos essas mães não se lembrarão exatamente de como se sentiram e ficariam muito interessadas em ouvir esta gravação quando alcançarem as águas calmas da condição de avó.

> "Tudo a ser feito em cerca de uma hora."
> "Vivemos um caos completo todas as noites, das cinco e meia até sete e meia... quando realmente já não sabemos nem o que estamos fazendo. As coisas deveriam acontecer em determina-

6. O QUE INCOMODA?

> dos momentos, mas nunca é assim porque alguma outra coisa terrível acontece... Alguém derrama o leite ou algo pior, ou o gato sobe na cama de alguém e eles não conseguem dormir porque o gato está lá, ou não está, e eles descem seis vezes para ver o que estou fazendo, e é um caos completo." (*risos*)

Gosto dessa parte do gato, que está lá ou não! Não é uma questão de você fazer as coisas certo ou errado. O errado é simplesmente que as coisas são como são, o que faz parecer que o contrário seria o certo, mas é claro que não seria. Ou talvez você não perceba todas as coisas que dão certo, mas tudo o que dá um pouco errado se torna um problema terrível, resultando em gritos e berros.

No trecho a seguir, uma mãe se refere a algo que deve ser muito comum, a sensação de que está perdendo alguma habilidade especial por falta de prática, ou de que algo que seria divertido aprender precisa ser adiado quase indefinidamente.

> "Você acha que há coisas que você gostaria de estar fazendo, como escrever um romance ou fazer um bolo diferente ou qualquer coisa que lhe seja especial e que as crianças a impedem de fazer?"
>
> "Bem, estou muito interessada em serviço social e todo esse tipo de coisa. Eu gostaria de fazer coisas que me disseram que eu poderia fazer ou nas quais me ofereceram participação, mesmo que eu não tenha conseguido porque não tenho tempo, e achei muito frustrante não poder fazer nenhuma dessas coisas porque tenho de estar em casa."
>
> "Sim, eu fiz uma aula de costura no ano passado que adorei, mas quando o segundo filho veio, descobri que não conseguiria me arrumar a tempo e então, por volta das oito horas, pensei:

'Oh, querida, realmente não posso me dar ao trabalho de sair para fazer isso'."

"Há coisas que você gostaria de fazer?"

"Sim, gosto muito de costurar e é um trabalho muito irritante quando as crianças... (*risos*) Eu realmente gosto e fico completamente imersa no trabalho, o tempo passa, e isso leva a problemas; também não sou muito boa em marcar o tempo. Gosto muito de me esquecer do tempo."

"Acho que uma coisa muito irritante é ter de parar tudo o que estou fazendo pela manhã e preparar uma refeição – uma refeição do meio-dia, sendo que eu sobreviveria com qualquer coisa, como um ovo cozido, mas eu também tenho marido, então tenho..." (*falando ao mesmo tempo*)

Aqui estão os maridos chegando junto com os filhos, esperando coisas e destruindo completamente qualquer esforço que a esposa – mãe – possa estar fazendo para preservar um interesse pessoal próprio, que exige concentração. É justamente aqui que é fácil a esposa desejar ser como um homem, com um trabalho bem organizado, horário de expediente ou regras e regulamentos sindicais que a protejam exatamente das coisas que ela considera incômodas. Acho que nessa fase ela não consegue entender como é que alguns homens podem invejar as mulheres – invejá-las porque estão em casa e porque estão atulhadas de tarefas domésticas e numa linda confusão de bebês e crianças. Então, aqui voltamos à bagunça e à desordem.

"Acho que considero a desordem um problema terrível porque tenho ajuda doméstica e depois que passei pela casa toda e arrumei tudo, em 25 minutos você imaginaria que passei dois ou três anos sem encostar em nada, porque a casa fica cheia de brinquedos dos quais eles precisam e de pedaços de papel que devem recortar. Eu não deveria reclamar – eles precisam fazer as coisas, é claro, e é uma grande frustração não fazer um escândalo, mas você deixa pra lá."

"Bem, acho que quando minhas crianças eram pequenas, até a idade de quatro anos, idade escolar, digamos, indo para a primeira escola, elas queriam ficar onde eu estava; se estivesse cozinhando, isso significava que elas também estavam cozinhando, e se estava fazendo coisas no andar de cima, elas também estavam lá em cima. Elas não se afastavam de mim, me seguiam, o que às vezes é intensamente incômodo, acho."

Então, que tal manter a bagunça em um só lugar?

"Você acha mais fácil deixá-las andar à vontade por qualquer lugar da casa ou tenta restringi-las aos próprios quartos?"

"Não, tenho um cômodo no qual rezo para que não façam uma bagunça terrível, mas invariavelmente fazem uma bagunça terrível em todos os cômodos da casa... Elas andam por toda parte."

"Você acha que é possível restringi-las?"

"Bem, não sei se tive sorte, mas Christopher parece compreender que ele deve brincar no quarto das crianças."

"Quantos anos?"

"Dois anos... pouco mais de dois."

"Ele consegue ver você do quarto das crianças?"

"Não, não, é longe da cozinha, mas é um apartamento, então estamos no mesmo andar e ele pode vir me ver... Ele vem e brinca na cozinha também. O que, é claro, um monte de gente acha que é errado. Nunca pensei em colocar uma barreira, até já ser tarde demais. Na sala de estar e na sala de jantar temos

> maçanetas antigas nas portas e ele não consegue colocar a mão em volta delas, então, até o momento, elas ficam arrumadas."

Não há nada a fazer; é preciso aceitar que mães com várias crianças tendem a morar em uma caixa de sapatos. Por ora, elas não sabem o que fazer. Talvez, à medida que as crianças cresçam, a paz retorne ao lar, mas talvez não.

> "Travamos uma batalha toda noite por causa da questão do jantar dos cachorros... Quem vai dar o jantar para eles. Há um revezamento, entendem, para dar o jantar dos cachorros, mas existe sempre algum motivo pelo qual a pessoa da vez não pode dar. (*risos*) E demora uns bons vinte minutos, enquanto os cachorros ficam alinhados, vocês sabem, até receberem o jantar, e tudo por causa dessa discussão horrível que eu... De repente, eu acho muito incômoda... A discussão que acontece nas grandes famílias. Não só sobre o jantar dos cachorros, mas quando vocês se sentam para a refeição, alguém diz alguma coisa e antes que você se dê conta lá está você... Todo mundo está gritando com todo mundo porque é uma questão de princípios, vocês sabem... E temos terríveis desavenças sobre todos os tipos de assunto."

Todos esses exemplos ilustram como cuidar de crianças pequenas pode ser incômodo, e isso é verdade mesmo que as crianças sejam amadas e desejadas. É um problema para a mãe cuja privacidade está sendo invadida. Existe, com certeza, em algum lugar, uma parte dela que é sagrada, que não pode ser acessada nem mesmo por seu filho ou filha? Ela deve se proteger ou se render? O terrível é que, se a mãe tiver algo escondido em algum lugar, é exatamente isso que a criança quer. Se não há nada além de um segredo, é esse segredo que deve ser descoberto e virado do

6. O QUE INCOMODA?

avesso. A bolsa da mãe sabe tudo a esse respeito. Na próxima semana, gostaria de desenvolver esse tema da pressão que recai sobre a mãe.

No fim do programa da semana passada, depois que mães de crianças pequenas estiveram conversando sobre coisas que são incômodas para as mães, destaquei uma ideia e dei a ela uma ênfase especial: o modo como as mães têm sua privacidade invadida e virada do avesso. Quero desenvolver essa ideia porque acho que tem muito a ver com o que pode ser incômodo para os pais e sobretudo para as mães.

Vocês vão se lembrar que essas são mães que gostam de estar casadas e ter filhos, e elas têm carinho por suas crianças e não fariam nada diferente; mas quando foram convidadas a mencionar o que as irritava, elas responderam de boa vontade.

Haverá algumas mães que não tiveram o mesmo tipo de experiência. Algumas, em um extremo, passaram pelo pior, completamente ocupadas e confusas, e tiveram de buscar ajuda. Aqui, a bagunça venceu, e por isso a mãe se tornou irritável e, de certa forma, incapaz de ser ela mesma como gostaria. Outras, no extremo oposto, não terão a sensação de desordem e invasão, elas conseguiram manter a sala organizada e limpa e, de algum modo, seus bebês e crianças pequenas se encaixaram em um padrão estabelecido, havendo paz a maior parte do tempo. Aqui, a mãe e seu sistema essencialmente rígido de certo e errado dominaram a cena, e os bebês e crianças tiveram de se adaptar, estando ou não prontos para a adaptação. Existe, é claro, muito a ser dito a favor da paz e da ordem, se ordem é algo que pode ser obtido sem tolher demais a espontaneidade das crianças.

É sempre necessário nos lembrarmos que existem todos os tipos de pais e todos os tipos de crianças, a partir disso podemos discutir as variações sem afirmar que um tipo é bom e outro é ruim. Mas vocês não acham que os extremos, em uma ou outra direção, normalmente são sinais de que há algo errado em algum lugar?

Muitas vezes os pais dirão que no período vitoriano era mais fácil, as crianças eram relegadas aos cuidados de babás e ninguém pensava, quando elas faziam ou deixavam de fazer algo, que estavam o tempo todo construindo ou destruindo a saúde mental das crianças. Mas mesmo na era vitoriana a ampla maioria das pessoas criava as crianças no chão, em volta de seus pés, fazendo bagunça e barulho o tempo todo, sem a ajuda de babás em aventais engomados. Cada época tem seus costumes, mas acho que alguma coisa sempre permaneceu igual, essa terrível tendência da criança pequena de ir direto para o centro onde as mães guardam seus segredos. A questão é: pode uma mãe defender-se com sucesso e guardar seus segredos sem, ao mesmo tempo, deprivar a criança de um elemento essencial – o sentimento de que a mãe é acessível? No início a criança detinha uma posse, e entre a posse e a independência sem dúvida deve haver um meio-termo no caráter do acesso.

O observador pode facilmente lembrar-se de que a mãe só tem a casa livre de crianças por um período limitado. Ela teve seus segredos uma vez e os terá de novo. E ela se considerará com sorte porque, durante algum tempo, foi infinitamente incomodada com as infinitas reivindicações de suas próprias crianças.

Para a mãe que se encontra bem no centro disso, não existe passado nem futuro. Para ela existe apenas a experiência presente de não ter nenhuma área inexplorada, nenhum Polo Norte ou Sul, pois um explorador intrépido encontra essa área e a aquece; não existe Everest, pois um alpinista chega ao topo e o destrói. No fundo de seu oceano há um batiscópio, e se ela tiver um mistério, uma parte oculta da Lua, até mesmo ela é alcançada, fotografada e reduzida de mistério a fato cientificamente comprovado. Nada dela é sagrado.

Quem gostaria de ser mãe? Realmente, quem, a não ser a mãe de fato! E algumas pessoas bastante especiais; as babás que encontram uma maneira de trabalhar com os pais de fato.

Você pode perguntar: de que adianta tentar colocar em palavras o que há de incômodo em ser mãe? Acho que as mães são ajudadas ao serem capazes de expressar suas agonias no momento em que as vivenciam. O ressentimento reprimido estraga o amor que está lá, atrás de tudo isso. Creio que esse é o motivo de praguejarmos. Uma palavra, no momento certo, reúne todo o ressentimento e o propaga; depois dela, nos acalmamos e voltamos a lidar por um novo período com o que estávamos fazendo. Na prática, constato que as mães são ajudadas quando entram em contato com os seus ressentimentos amargos. Aliás, a maioria delas não precisa de ajuda, mas, em favor daquelas que precisam de ajuda, uma vez escrevi uma lista de cerca de uma dúzia de razões principais pelas quais as mães podem descobrir que odeiam suas crianças.[2] Você compreenderá que estou falando sobre mães que amam suas crianças e que não têm medo de olhar para seus outros sentimentos. Por exemplo, este bebê específico não é o bebê que a mãe imaginou; não é exatamente a ideia de bebê que ela tinha em mente. De certa forma, um quadro que ela pintou pode parecer mais uma criação sua do que o bebê que se tornou tão real em sua vida. O verdadeiro bebê certamente não veio por mágica. Esse

---

2 Donald W. Winnicott, "O ódio na contratransferência" [1947], in *Da pediatria à psicanálise*, trad. Davy Bogomoletz. São Paulo: Ubu Editora, 2021.

menino ou menina de fato passou por um processo trabalhoso, que expôs a mãe ao perigo tanto durante a gravidez quanto durante o parto. Esse bebê, que agora é dela, a machuca ao mamar, ainda que o processo de amamentação possa lhe dar muita satisfação. A mãe descobre gradualmente que a criança a trata como uma serva não remunerada e exige atenção, e que no início não tem consideração pelo bem-estar da mãe. Um dia, o bebê a morde e é tudo por amor. Espera-se da mãe que ame esse bebê de todo o coração desde o início, em toda sua perfeição, incluindo as partes desagradáveis, bem como as partes agradáveis e a bagunça. Em pouco tempo, o bebê começa a se desiludir com a mãe e demonstra isso, recusando a boa comida que lhe é oferecida para que a mãe fique com dúvidas sobre si mesma. E o amor animado do bebê é o amor egoísta; depois de obtida a satisfação, a mãe é jogada fora como se fosse uma casca de laranja. Devo continuar com essa lista de razões pelas quais uma mãe pode odiar o seu bebê?

Nesses estágios iniciais, o bebê não tem nenhum conhecimento sobre o que a mãe está fazendo bem-feito e quais os sacrifícios que ela faz para o fazer bem-feito, mas se as coisas dão errado, as queixas aparecem sob a forma de gritos. Depois de passar por uma manhã horrível de gritos e acessos de raiva, a mãe sai para fazer compras com seu bebê e o bebê sorri para um estranho que diz: "Ele não é um fofo?" ou "Ela não é uma criaturinha linda e simpática?". A mãe tem o tempo todo a ideia perspicaz de que, se falhar com o bebê no início, terá de pagar por isso por um longo período, ao passo que, se tiver sucesso, não terá motivo algum para esperar gratidão. Você pode facilmente pensar em mais ou menos uma dúzia de motivos próprios. Provavelmente não encontrará nada pior do que este que estou selecionando para discussão, a maneira como as crianças invadem sua reserva mais interior. Se possível, gostaria de lhe explicar isso.

6. O QUE INCOMODA?

No início não há dificuldade, porque o bebê está em você e é parte de você. Embora seja apenas um inquilino, por assim dizer, o bebê no útero se junta a todas as ideias de bebês que você já teve, e, no início, o bebê é o segredo. O segredo se torna um bebê.

Você tem bastante tempo em nove meses para desenvolver uma relação especial com esse fenômeno, esse segredo que virou bebê, e após se passarem alguns meses, você será capaz de se identificar com o bebê que está dentro de você. Para chegar a esse estado de coisas, você precisa ter um estado de espírito bastante calmo, e será imensamente ajudada se seu marido estiver totalmente envolvido com você e estiver lidando com o mundo por vocês dois.

Essa relação especial com o bebê parece chegar ao fim, mas não exatamente no momento do nascimento do bebê. Creio que essa situação especial dura algumas semanas após o parto, a menos que haja circunstâncias especiais que por desventura a tragam de volta à terra, como ter de sair da maternidade ou ter de demitir uma babá inadequada, ou seu marido ficar doente, ou algo assim.

Se você tiver sorte e não houver complicações embaraçosas, o estado especial pode iniciar uma conclusão gradual. Então você inicia um processo de restabelecimento como uma pessoa adulta no mundo, e isso leva vários meses. Seu bebê precisa que você seja capaz de fazer isso, embora o processo traga dor para ele. Começa agora uma intensa luta – o bebê, não sendo mais o segredo – reivindica todos os seus segredos. Embora esteja lutando uma batalha perdida, seu bebê faz uma reivindicação depois da outra em uma corrida perpétua pelo ouro, mas o ouro nunca é suficiente; uma nova reivindicação deve ser feita. E, seja como for, você está recuperando sua condição de indivíduo separado e suas minas de ouro tornam-se cada vez mais inacessíveis.

Porém, você não se recupera totalmente. Se o fizesse, significaria deixar de ser mãe. E, claro, se você tem várias crianças, o mesmo processo começa repetidas vezes, e você tem quarenta e cinco anos antes de poder olhar à sua volta e ver em que lugar está no mundo.

Esse é um tema importante que introduzi e só tenho tempo para dizer mais uma coisa. Acredito, ao conversar com inúmeras mães e ao ver suas crianças crescerem, que as mães que se saem melhor são as que conseguem capitular no início. Elas perdem tudo. O que ganham é que, ao longo do tempo, podem se recuperar, porque as crianças, aos poucos, desistem dessa perpétua série de reivindicações e ficam satisfeitas por suas mães serem indivíduos independentes – como, aliás, as próprias crianças se tornam.

Você talvez saiba que as crianças que são deprivadas de certos elementos essenciais da vida doméstica (na verdade, é sobre esse tipo de coisa que temos falado) tendem a ter um sentimento permanente de ressentimento; guardam rancor de alguma coisa, mas como não sabem o que é essa coisa, a sociedade tem de exercer sua pressão e as crianças são chamadas de antissociais.

Portanto, sinto-me bastante esperançoso em relação a essas mães que descrevem a sua batalha a favor do relógio e contra as hordas invasoras de crianças. No final, este campo de batalha não está repleto de cadáveres, mas sim de crianças autônomas que não são crianças deprivadas, que não são crianças problemáticas ou delinquentes. Pelo contrário, as crianças viraram adolescentes, cada um capaz de se defender sozinho. E é quando seus filhos existem de modo autônomo que você também pode se dar ao luxo de fazê-lo. Você pode se dar ao luxo de ser você mesma, com seus segredos, o que a traz de volta (embora com uma diferença) para onde você estava antes de ser invadida por seus filhos.

6. O QUE INCOMODA?

Na semana passada, só eu falei, e escolhi um aspecto do problema dessas mães porque pensei que poderia ser importante. Nunca esqueço que as mães de crianças pequenas costumam estar cansadas e muitas vezes sem dormir, mas gosto de falar sobre a perda de privacidade da mãe. Esta semana gostaria de voltar à discussão. No trecho a seguir você ouvirá sobre as lutas que ocorrem entre as crianças de uma família, que podem ser chamadas de rixas internas, e seus efeitos sobre os nervos da mãe.

> "Acho que eles brigam demais. Eu me pergunto por quê. Você acharia que eles eram inimigos mortais e não irmãos e irmãs amorosos – eles brigam e gritam –, mas, acho, eles gostam muito um do outro, no fundo. Se alguém de fora entrar, todos se unirão e defenderão uns aos outros, ou se alguém estiver doente, eles correm para trazer para casa alguma coisinha, mas brigam de manhã até a noite e acho que fico nervosa quando entro e ouço: 'Foi você', 'Não, não fui', 'Foi, sim', 'Fui eu, sim', 'Não vou', 'Vai, sim', 'Eu te odeio'. E batem as portas, começam a bater uns nos outros e eu correndo para separá-los. Eles brigam feio."
>
> "Acho que é uma forma de gastar energia – nervosa e tudo mais."
>
> "Espero que sim, mas é muito irritante."
>
> "É terrível com os nervos de uma mãe. Sim, também me lembro disso acontecendo. Minha irmã mais nova e eu costumávamos brigar... e eu costumava derrubar minha mãe."
>
> "Isso é só para desgastar as mães. Não é nada realmente importante. Acho que você sempre pode lidar com as coisas importantes porque elas são bastante incomuns... É uma crise

> que alguém pode causar (*falando ao mesmo tempo*)... Coisinhas constantes do dia a dia, como um gotejamento – *bing, bing, bing.*"

Sim, *bing, bing, bing!* E com que propósito? Existe um propósito, você sabe. Na semana passada eu disse que, na minha opinião, cada criança vai direto ao que está lá no centro e reivindica tudo o que está lá, e agora quero acrescentar que, se alguma coisa for encontrada, as crianças a usam até o fim. Sem dó, nem piedade, nem meias-medidas. A mãe é maltratada. Sua fonte de energia é alcançada, explorada e, em repetições enfadonhas, drenada. Seu trabalho principal é a sobrevivência. A repetição enfadonha é algo que vem na próxima parte.

> "Temos histórias de 'boa-noite' que acho bastante irritantes, porque contei a eles todas as noites, nunca falhei... E se alguma vez saímos, é claro que eles percebem, não é? Crianças..."
> "Ah, eles sentem, sim."
> "Você não pode resumir uma linha, não pode nem dizer... O que normalmente diria... Tem que ser feito todas as noites, se você estiver doente ou bem, morta ou morrendo – duas histórias terríveis têm de ser lidas e às vezes acho que..." (*falando ao mesmo tempo*)
> "Sim, eu poderia simplesmente pegar e rasgar aquele livrinho."

"... e rasgar." Alguns ouvintes podem ficar felizes em ouvir essas palavras pronunciadas apenas uma vez. No entanto, as histórias continuarão a ser recontadas e repetidas com precisão, e as crianças continuarão a necessitar desses territórios limitados que conhecem em detalhe e nos quais não há surpresas. É essa certeza de que não haverá surpresas que possibilita dormir.

6. O QUE INCOMODA?

A próxima conversa que reproduziremos trata dos estágios pouco gratificantes, os momentos em que uma criança que está se desenvolvendo bem e, por um ou outro motivo, tem de regredir ou se torna indiferente, ou ainda claramente rebelde. Aqui, uma menina lida com o ciúme do bebê, perdendo suas próprias conquistas e voltando a agir como um bebê.

> "Minha filha mais velha já consegue se vestir sozinha há... hum, nove meses, e de repente ela decidiu que não ia mais se vestir sozinha. Ela é perfeitamente capaz. Não consegue fechar zíperes e botões nas costas, mas consegue fechar os que estão na frente, porém ela diz que 'Não', que vai ser um bebê e se esparrama no meu colo como a pequena... Então, é aí que estamos agora, tenho de vestir as duas de manhã e despir as duas à noite."
>
> "Bem, posso prever esse negócio de deixá-los se vestir sozinhos. Não tenho de fazer isso porque ele ainda não consegue, mas posso perceber que isso vai ser um ponto irritante para mim – observá-lo lentamente colocando as coisas do lado errado... (*falando ao mesmo tempo*) Porque não posso... Gosto de fazer as coisas depressa."

Essa é outra coisa que pode ser incômoda, adaptar-se ao ritmo de cada criança. Por temperamento, algumas crianças são mais lentas do que as mães e algumas são mais rápidas. É um grande problema para uma mãe se adaptar às necessidades de cada criança nessa questão de rapidez e lentidão. Especialmente incômoda é a tarefa de uma mãe rápida se adaptar a uma criança um tanto lenta. No entanto, se a criança e a mãe perdem a sintonia entre si nessa questão, a criança perde a capacidade de agir, torna-se irritante e deixa cada vez mais coisas ao encargo da mãe ou da babá. Para a criança, é igualmente ruim ser rápida quando a mãe é lenta, como vocês logo podem imaginar. A mãe pode ser lenta, talvez, porque está deprimida, mas a criança não conhece os motivos e não consegue considerá-los. Não há dúvida de que é possível fazer alguma coisa com planejamento, mas as crianças pequenas tendem a perturbar os melhores planos, simplesmente porque não conseguem ver necessidade alguma de olhar para o futuro. Elas vivem no presente. No próximo trecho, ouviremos sobre planejamento.

> "Bem, parte dessa falta de tempo é esse negócio de se organizar para sair, planejar a tarde para caber em uma refeição às duas horas e voltar para uma refeição às seis horas. As compras são a questão principal, porque vou a um mercado a mais ou menos seis quilômetros de distância, que é muito barato, e é praticamente uma coreografia fazer com que as duas crianças, uma alimentada com mamadeira e outra alimentada com colher, estejam vestidas e prontas para sair – e uma delas precisa dormir de qualquer jeito, o que atrasa ainda mais. Depois corro loucamente tentando voltar a tempo de alimentar de novo o outro com a mamadeira. E tem outras coisas, como sair para tomar chá às vezes... Esta tarde, por exemplo, para nos organizarmos. Demora cerca de uma hora para ficarmos nós três prontas."
>
> "É um trabalho terrível."
>
> "Quando você termina de se arrumar e as outras duas, quero dizer..."
>
> "Sim, as outras duas parecem... Elas estão um pouco desarrumadas."
>
> "É o planejamento de tudo isso... Pensar nos melhores horários para sair."

6. O QUE INCOMODA?

> "Pequenos exemplos como esse são provavelmente os mais incômodos de todos... Acho que são os mais irritantes, sim."
>
> "Afinal, quer dizer, eu amo minhas duas crianças. Não acho que são irritantes o tempo todo, são só essas coisinhas."
>
> "Algo que me irrita um pouco é a refeição seguinte – o que vão comer, o que todas vão comer."
>
> "Você planeja as refeições com muita antecedência?"
>
> "Não, não. Eu não sou de planejar. Alguma coisa, você sabe, à medida que está chegando perto da refeição... (*risos*)... Alguma coisa se materializa. Veja bem, eu compro... Faço as compras semanalmente, assim tenho o suficiente em casa para semana, mas quando e onde as coisas serão usadas, isso só será decidido bem em cima da hora."
>
> "Bem, tenho muita sorte com o almoço, porque a refeição favorita de Christopher é picadinho de carne. Estou farta de picadinho." (*risos*)
>
> "Eles têm um gosto muito limitado, não é mesmo? Deixa mais fácil..."
>
> "Sim, muito fácil."

Uma pontinha de esperança surgindo. Mas uma mãe se planeja e organiza o máximo possível, porém não consegue dar conta tudo junto das necessidades de cada criança e da ditadura do relógio, e ainda da relativa distância entre a casa e o mercado e do fato de que sua própria energia tem limites. Enfim, retornamos ao quadro da mãe lutando para lidar a um só tempo com as necessidades individuais das crianças e o mundo como ela o conhece.

> "Mas outra grande irritação é ter de interromper meus afazeres domésticos – passar aspirador de pó ou algo assim... Sinto que posso terminar o quarto em dez minutos se ao menos eu tiver

sossego, mas ter alguém vindo atrás de mim e 'Preciso ir no troninho'... Ele está sentado no penico e você tem de ficar ali... Tem que estar ali e..."

"É, você não pode ir embora e fazer outra coisa."

"E ele transforma isso em um jogo." (*risos*)

"E então alguma coisa transborda no fogão, e você deixou o aspirador ligado porque acha que só vai demorar um minuto..."

"Oh, acho as interrupções constantes muito irritantes... De repente, ouço um grito vindo de algum lugar e tenho que largar tudo, seja a cozinha, com as mãos enfarinhadas e tudo mais, e sair correndo para descobrir o que aconteceu."

"Ah, se estou com as mãos enfarinhadas, eu digo: 'Olha só, você não quer que eu faça nada com as mãos desse jeito, não é?'."

"E isso funciona?"

"Sim. 'Eu farei isso mais tarde'. Receio que eu faça muito isso, e também quando nós... Quando coisas irritantes aparecem, como: 'Ah, mamãe, esquecemos disso e daquilo', diz Elizabeth, sabem... Nós íamos sair para algum lugar e ela ia levar uma boneca, ou ia levar uma cesta de compras... Eu falo: 'Oh, agora você terá de trazê-la da próxima vez'. Na hora, parece um sonho."

Há um limite e, à medida que cada criança cresce, há um limite definido de forma cada vez mais clara em relação às exigências que uma criança pequena tem o direito de fazer para a mãe. E quem estabelecerá esse limite? Até certo ponto, a mãe descobre que pode gradualmente se proteger.

"Muita coisa também depende do tipo de noite que você teve."
(*risos*)

6. O QUE INCOMODA?

> "Tive uma noite horrível e fiquei mesmo bem brava com ele naquele dia e se ele tivesse demonstrado qualquer sinal de irritação, acho que eu simplesmente explodiria."
>
> "E isso o deixa pior?"
>
> "Não, acho que ele sente que realmente cheguei ao limite e é melhor ele ficar quieto. E, por incrível que pareça, ele fica."

Mas imagino que no final seja o pai quem terá de intervir e defender a esposa. Ele também tem seus direitos. Ele quer não apenas ver a esposa retomar a independência, mas também quer poder ter a sua esposa para si, mesmo que em certos momentos isso signifique excluir as crianças. Assim, com o passar do tempo, o pai se impõe, o que me leva de volta ao que falei várias semanas atrás sobre "Dizer 'Não'". Em um daqueles programas sugeri que, principalmente quando o pai se impõe, ele se torna importante para as crianças pequenas, desde que ele tenha, antes, conquistado o direito de adotar uma postura firme de forma amigável.

Cuidar de crianças pequenas pode ser, de fato, incômodo, mas a alternativa, a imposição de uma disciplina rígida à criança muito nova, é a ideia mais terrível que uma mãe pode ter. Suponho que as crianças continuarão sendo um incômodo e as mães continuarão felizes por terem tido a oportunidade de serem as vítimas.

7

SEGURANÇA
[1960]

Sempre que tentamos definir as necessidades básicas dos bebês e das crianças, ouvimos o seguinte: "As crianças precisam é de segurança".[1] Às vezes podemos achar que isso é sensato e outras vezes podemos ficar em dúvida. Podemos perguntar: o que significa a palavra *"segurança"*? Com certeza, os pais superprotetores causam angústia às crianças, mas os pais que não conseguem ser confiáveis as deixam confusas e assustadas. Obviamente, portanto, é possível que os pais ofereçam segurança excessiva e, no entanto, sabemos que as crianças precisam se sentir seguras. Como podemos resolver isso?

Os pais que conseguem manter um lar unido de fato oferecem algo imensamente importante para as crianças e, quando um lar se desfaz, é natural que haja perdas para as crianças. Mas se nos disserem apenas que as crianças precisam de segurança, você perceberia que algo está faltando nessa afirmação. As crian-

---

1 Apresentação transmitida pela BBC em 18 de abril de 1960. Publicada pela primeira vez sob o título "Sobre segurança" em *Família e desenvolvimento individual* [1965], trad. Marcelo Brandão Cipolla. São Paulo: Ubu Editora/ WMF Martins Fontes, 2023.

7. SEGURANÇA

ças consideram a segurança uma espécie de desafio: o desafio é provar que elas podem rompê-la. O extremo da ideia de que a segurança pode ser boa é que um bom lugar para crescer feliz seria uma prisão. Isso seria absurdo. É claro que pode haver liberdade de espírito em qualquer lugar, mesmo em uma prisão. O poeta Richard Lovelace escreveu:

Paredes de pedra não fazem uma prisão,
Nem barras de ferro uma jaula.[2]

O que dá a entender que há mais a considerar do que o fato concreto de se estar confinado. Mas as pessoas devem viver livremente para viver de uma forma imaginativa. A liberdade é um elemento essencial, algo que traz à tona o que há de melhor nas pessoas. No entanto, temos de admitir que algumas pessoas não conseguem viver em liberdade porque temem a si mesmas e ao mundo.

Para esmiuçar essas ideias, creio que devemos considerar o desenvolvimento do bebê, da criança, do adolescente, do adulto, e traçar a evolução não apenas de indivíduos, mas também do que é necessário no ambiente para esses indivíduos, à medida que evoluem. Com certeza é um sinal de crescimento saudável quando as crianças começam a poder desfrutar da liberdade que cada vez mais lhes pode ser dada. O que pretendemos ao criar as crianças? Esperamos que cada criança adquira gradualmente um senso de segurança. Deve ser construída no interior de cada criança a crença em alguma coisa; não apenas

---

2   Richard Lovelace, "To Althea: From Prison" [Para Althea: da prisão], 1642. No original: "Stone walls do not a prison make,/ Nor iron bars a cage". [N. E.]

algo que é bom, mas também algo que é confiável e durável ou que se recupera depois de ter sido danificado ou depois de ter perecido. A questão é: como ocorre essa construção de uma sensação de segurança? O que leva a esse estado de coisas satisfatório, em que a criança confia nas pessoas e coisas de seu entorno? O que traz à tona a qualidade que chamamos de autoconfiança? O que importa é um fator inato ou pessoal ou é um ensinamento moral? Deve haver um exemplo a ser imitado? É necessária uma provisão ambiental externa para produzir o efeito desejado?

Poderíamos rever os estágios do desenvolvimento emocional pelos quais toda criança deve passar para se tornar uma pessoa sadia e, com o tempo, adulta. Isso levaria muito tempo, mas poderia ser feito. No decorrer dessa revisão, poderíamos falar dos processos inatos de crescimento do indivíduo e da maneira (forçosamente muito complexa) pela qual os seres humanos se tornam pessoas autônomas. Aqui, porém, quero remeter à provisão ambiental, ao papel que desempenhamos e ao papel que a sociedade desempenha em relação a nós. É o ambiente que torna possível o crescimento de cada criança e, sem uma confiabilidade ambiental adequada, o crescimento pessoal de uma criança não pode ocorrer, ou precisa ser distorcido. E como não existem duas crianças exatamente iguais, somos forçados a nos adaptar especificamente às necessidades de cada criança. Isso significa que quem cuida de uma criança deve conhecê-la e trabalhar com base em uma relação pessoal e viva com essa criança, e não com base em algo aprendido e aplicado mecanicamente. Estando presentes de forma confiável, e consistente com quem somos, proporcionamos uma estabilidade que não é rígida, mas que é viva e humana, e isso faz com que o bebê se sinta seguro. É nessa relação que o bebê pode crescer e que o bebê pode absorver e imitar.

7. SEGURANÇA

Quando oferecemos segurança, fazemos duas coisas ao mesmo tempo. Por um lado, devido à nossa ajuda, a criança está protegida do inesperado, de intrusões incontáveis e indesejadas, e de um mundo que ainda não é conhecido ou compreendido. Por outro lado, também, protegemos a criança dos próprios impulsos e dos efeitos que esses impulsos podem produzir. Nem preciso lembrá-las de que bebês muito pequenos precisam de cuidados incondicionais e não conseguem sobreviver sozinhos. Eles precisam ser segurados, transportados, limpos, alimentados, mantidos na temperatura certa e protegidos de correntes de ar e impactos. Precisam que seus impulsos sejam atendidos e precisam que compreendamos sua espontaneidade. Não há muita dificuldade nessa fase inicial porque, na maioria dos casos, cada bebê tem uma mãe, e nesse momento a mãe se ocupa inteiramente das necessidades do seu bebê. Nesse estágio, o bebê está seguro. Quando a mãe é bem-sucedida nisso que ela faz no início, o resultado é uma criança cujas dificuldades advêm não das intrusões do mundo, mas da vida e do conflito que acompanham os sentimentos vivos. Nas circunstâncias mais satisfatórias, isto é, na segurança dos cuidados maternos suficientemente bons, o bebê começa a viver uma vida pessoal e individual.

Os bebês logo começam a ser capazes de se defenderem contra a insegurança, mas nas primeiras semanas e meses estão apenas fragilmente estabelecidos como pessoas e, por isso, se não tiverem suporte, seu desenvolvimento é distorcido quando coisas desagradáveis acontecem. O bebê que conhece a segurança nesse estágio inicial começa a carregar a expectativa de que não sofrerá uma decepção. Frustrações... Sim, elas são inevitáveis; mas ser decepcionado... Isso nunca! É tudo bastante claro.

A questão que nos interessa aqui é: o que acontece quando uma sensação de segurança se instala na criança? Quero falar disso. Segue-se, então, uma longa luta *contra* a segurança, isto é, a segurança provida pelo ambiente. A mãe, após o período inicial de proteção, gradualmente deixa o mundo entrar, e a criança pequena, agora um indivíduo, aproveita cada nova oportunidade de expressão livre e ação impulsiva. Essa guerra contra a segurança e os controles continua durante toda a infância; ainda assim, os controles continuam sendo necessários. Os pais continuam a postos com uma estrutura disciplinar, com paredes de pedra e barras de ferro, mas à medida que sabem como é cada criança e à medida que têm em conta a evolução de suas crianças como pessoas, eles aceitam o desafio. Continuam a funcionar como guardiões da paz, mas esperam que haja desrespeito às regras e até mesmo uma revolução. Felizmente, em alguns casos, o alívio é obtido tanto para as crianças como para os pais através da vida de imaginação e brincadeira, e de experiências naturais. Com tempo e saúde, as crianças serão capazes de preservar uma sensação de segurança mesmo ante a insegurança manifesta; por exemplo, quando um dos pais está doente ou morre ou alguém se comporta mal ou quando, por um motivo ou outro, um lar é desfeito.

As crianças precisam continuar a descobrir se confiam nos pais, e os testes podem perdurar até que os filhos estejam preparados para proporcionar segurança aos próprios filhos e assim por diante. É característico de adolescentes testar todas as medidas de segurança, todas as regras, regulamentos e disciplinas. Portanto, geralmente as crianças aceitam a segurança como algo básico. Elas acreditam na boa maternagem e paternagem inicial porque as tiveram. Carregam consigo um senso de segurança que é constantemente reforçado pelos testes a que submetem os pais e a família, os professores da escola, os amigos, e todas as pessoas que conhecem. Tendo encontrado

7. SEGURANÇA

fechaduras e ferrolhos trancados de forma segura, prosseguem e os destrancam, e os abrem; e saem. E saem de novo e de novo. Ou se enrolam na cama e tocam discos tristes de jazz, sentindo-se inúteis.

Por que são especialmente os adolescentes que fazem esses testes? Talvez porque eles estão enfrentando sentimentos assustadoramente novos e fortes em si mesmos e desejam saber se os controles externos ainda estão disponíveis? Mas, ao mesmo tempo, eles precisam provar que podem romper esses controles e se estabelecer por si mesmos. Crianças saudáveis precisam de pessoas que continuem no controle, mas a disciplina deve ser fornecida por pessoas que possam ser amadas, odiadas, desafiadas e nas quais possam confiar; controles mecânicos são inúteis e o medo não pode ser um bom motivo para ensejar a obediência. É sempre o relacionamento vivo entre as pessoas que dá o espaço necessário para o verdadeiro crescimento. O verdadeiro crescimento leva a criança ou o adolescente a desenvolver um senso de responsabilidade adulto, em especial a responsabilidade pela provisão de condições seguras para as crianças pequenas de uma nova geração. É ou não é possível ver tudo isso acontecendo nas obras de artistas criativos de todos os tipos? Eles fazem algo muito valioso para nós, porque estão constantemente criando novas formas e rompendo essas formas apenas para criar outras. Os artistas nos capacitam a nos mantermos vivos, quando as experiências da vida real muitas vezes ameaçam destruir nossa sensação de estarmos realmente vivos, de uma maneira realmente vívida. Os artistas, entre todas as pessoas, são quem melhor nos faz lembrar que a luta entre os nossos impulsos e a sensação de segurança (ambos vitais para nós) é uma luta eterna e contínua dentro de cada um de nós enquanto durar a nossa vida.

Quando saudáveis, as crianças desenvolvem uma crença suficiente em si mesmas e em outras pessoas a ponto de odiarem os controles externos de todos os tipos; os controles se transformaram em autocontrole. No autocontrole, o conflito foi superado internamente de antemão. Por isso, vejo da seguinte forma: boas condições nos estágios iniciais levam a uma sensação de segurança, e a sensação de segurança leva ao autocontrole; quando o autocontrole é um fato, a segurança que vem como imposição é uma afronta.

8

SENTIMENTO DE CULPA
[1961]

[CLAIRE RAYNER] *Quando minha filha tinha apenas algumas semanas de idade, uma parente telefonou disfarçando muito a voz e disse que era funcionária do National Society for the Prevention of Cruelty to Children [Sociedade Nacional para a Prevenção da Crueldade contra Crianças – NSPCC].*[1] *Por incrível que pareça, embora no passado eu sempre tenha identificado essas peças que ela pregava, dessa vez eu caí e tive um terrível ataque de medo culpado. Quer dizer, eu estava com medo, o que eu tinha feito para causar aquilo? Achei essa reação muito interessante. Demorei algum tempo para superá-la; na verdade, um dia inteiro. Ainda tinha aquela sensação desagradável de que tinha feito algo que não deveria ter feito.*
[DONALD WINNICOTT] Hum, imagino. Mas, além do sentimento de culpa, não tem aí algo relacionado ao fato de ser um momento em que você não estava realmente de volta ao mundo? Quer

---

1 Conversa com Claire Rayner [1931–2010], enfermeira de formação, escritora, conhecida apresentadora de rádio e televisão e autora de vários livros sobre cuidados maternos e saúde. Apresentação transmitida pela BBC em 13 de março de 1961.

dizer, eu estava pensando que pouco antes de ter um bebê e logo depois, a mãe está em uma posição protegida no mundo e não espera esse tipo de coisa. Será que uma coisa qualquer, mesmo um grande estrondo ou algo inesperado, não faria você se sentir terrível naquele momento?

Bem, sim, concordo, mas aquele foi um sentimento de culpa muito específico. A gente sabe que existem muitos medos, não é? A gente ouve um barulho alto e sente um tipo de medo, e entende o medo – o medo antecipado de que algo desagradável vai acontecer –, a gente vai ao dentista e tem um tipo de medo. Mas esse era um medo culpado. Eu tinha feito algo errado e seria pega, sabe; foi assim que me senti. Como se tivesse sido descoberta cometendo um crime.

Sim, bem, entendo o que você quer dizer e gosto da ideia de discutir isso com você porque há algo que me interessou muito, que é falar como observador e psicólogo e esse tipo de coisa. Ao falar com mães e pais sobre suas crianças, descubro que, por mais cuidadosos que sejamos, tendemos a fazer com que se sintam culpados. Tive muita dificuldade para tentar apresentar as coisas de uma maneira tal que não fosse crítica e que tentasse explicá-las em vez de dizer que algo está errado e coisas do tipo. E, ainda assim, as pessoas constantemente vêm até mim e dizem: toda vez que você fala, ou toda vez que leio algo que você escreve, me sinto tão cruel; então, estou bastante interessado nesse problema.

Bem, isso é um tipo de culpa, não é? A pessoa lê um artigo ou livro que diz que o certo é fazer tal coisa e imediatamente a pessoa se sente culpada porque não a fez. Mas existem outros pensamentos. Conheço uma jovem que creio que nunca tenha lido artigos desse

8. SENTIMENTO DE CULPA

tipo e, assim que o bebê dela nasceu, ela desenvolveu uma compulsão por limpeza. Quer dizer, ela já havia sido uma dona de casa comum antes, mas quando o bebê chegou... Ela esfregava tudo o que tinha contato com o bebê. Ela trocava a roupa dele três ou quatro vezes por dia, não suportava que ele tivesse uma mancha, como se ele estivesse sujo, e à medida que ele foi crescendo, isso se ampliou. Veja, quando ele era pequeno, eram o carrinho, o berço, o quarto. Agora ele está começando a engatinhar e isso, essa coisa de limpeza, se estendeu aos outros cômodos onde ele engatinha. O carpete da sala, ela esfrega toda semana, passa xampu, mas isso me parece algo estranho. Não consigo abandonar a sensação de que ela se sente culpada por alguma coisa, para se comportar dessa maneira. Você concorda comigo?

Bem, acho que é realmente um tipo bastante útil de exemplo extremo, porque introduz a ideia de que alguém pode se sentir culpado sem saber; nesse extremo, parece-me que a maioria dos observadores seria capaz de dizer que essa mãe tem medo de que esteja... De que algum mal aconteça à criança e que ela tem que fazer tudo o que pode, mas suponho que ela não saiba disso. Ela apenas se sente péssima se não estiver limpando tudo e provavelmente se sente péssima mesmo quando está limpando tudo. Portanto, penso que deve haver muitas maneiras diferentes de perceber, quando observamos, que alguém provavelmente está agindo sob um sentimento de culpa e provavelmente não sabe disso. Mas há ainda o outro extremo do problema, em que há um sentimento geral e latente de culpa que é, creio, o que nos interessa acima de tudo.

Sim, pensei bastante sobre isso. Não posso deixar de me perguntar quantas vezes isso pode resultar de ciúme entre a mãe e a criança. Com a licença de ser tediosa e citar meu próprio caso outra vez.

Quando minha filha pequena nasceu... Eu a estava levando para casa quando isso aconteceu... Descobri que eu estava com ciúme dela em relação ao meu marido. Eu estava com medo, acho... Não percebi isso na época, mas olhando para trás agora, percebo... que ela roubasse um pouco do respeito dele por mim. Naquela época, não achei que houvesse espaço para ela em nosso relacionamento. Depois que reconheci isso, esse ciúme bem real desapareceu. Assim que admiti que era ciúme, ele simplesmente desapareceu, o que é interessante, acho. Mas me pergunto quantas outras mães sentem ciúme. Se elas têm uma filha, o que dizer da discrepância de idade? Há tanta ênfase hoje em dia nas revistas e assim por diante sobre as mulheres serem jovens e bonitas, não é possível que uma mulher com uma menina de repente fique muito consciente do fato de que ela não é mais tão jovem quanto era, não é mais tão jovem quanto aquela criança é, que parte de sua vida acabou? Que ali está aquela jovenzinha cuja vida está apenas começando. Ela pode sentir ciúme disso? Se sentir culpada pelo ciúme? Você acha que essa é uma possibilidade?
Bem, acho que, ao ser muito franca consigo mesma, você está descrevendo uma das tantas maneiras diferentes pelas quais pessoas diferentes, várias pessoas podem se sentir culpadas por terem ideias que não esperavam em relação às próprias crianças... No seu caso, você disse que pode sentir ciúmes porque teve uma menininha e estava interessada nas reações do seu marido em relação à menina e assim por diante; bem, então, se você tivesse um menino, teria sido diferente. Mas outra pessoa tem um filho, e está ansiosa e se sentindo cruel porque fica surpresa ao descobrir que não quer um menino, por um motivo ou outro, ela não começou a amar o bebê como achava que deveria. Todo mundo tem uma noção preconcebida de algum tipo de estado ideal em que tudo vai bem e as mães e os bebês simplesmente

8. SENTIMENTO DE CULPA

se amam, por isso, creio que você está chamando a atenção para algo que é apenas um exemplo de um conjunto completo de motivos pelos quais determinada mãe pode ter uma emoção inesperada em relação ao seu bebê e se sentir culpada, imaginando que não deveria reagir daquela forma. E, por exemplo, pode ser que ela tenha descoberto que amava o bebê de uma forma perfeitamente natural e isso a fez se sentir péssima, porque ela não sentia ter sido amada pela própria mãe da mesma forma, e então ela sentiu que estava... dando um exemplo à própria mãe. Quer dizer, eu me lembro de ver uma menininha sentada no chão, sendo muito gentil com uma boneca, e era possível perceber que ela estava dizendo à mãe que, naquele momento, a considerava uma péssima mãe. Em outras palavras, sinto que há uma enorme variação de diferentes tipos de motivos pelos quais várias pessoas podem ter sentimentos e emoções inesperados em relação a seu bebê recém-nascido. Mas ainda acho que existem algumas coisas bem mais inerentes que devem ser absolutamente universais, se pudermos chegar a elas.

Sim, sabe, eu estava me lembrando de quando estava estudando para ser parteira e percebi que muitas vezes a primeira pergunta da mãe sobre o bebê não era "é menino ou menina?" e sim "está tudo bem?", "é normal?". Fiquei interessada nisso naquela época, estou mais interessada agora. Não posso deixar de me perguntar por que a mãe deveria ter medo de que houvesse tanta coisa errada com o bebê, é um medo muito comum, não é? De que você vai gerar um monstro ou alguém que tenha algum problema.

Acho que não só é comum, mas também bastante normal, sabe. Quer dizer, há algumas pessoas – é claro que existem todos os tipos de pessoas, deve existir e isso é bom – mas algumas pessoas realmente separam o ato de ter filhos do restante de sua vida em um grau notável. E não se pode dizer que seja necessariamente normal fazer isso. Para a maioria das pessoas – se tiver filhos – existe toda uma fantasia de ter filhos associada a ter apenas um. Há toda uma fantasia de que teria aparecido em suas brincadeiras de papai e mamãe quando eram crianças, e há uma quantidade muito variável de amor e ódio e... A agressividade se mistura à gentileza e tudo mais, e por isso parece-me que há algo inerente que poderíamos descobrir em absolutamente todo mundo. Quando as pessoas têm um bebê, elas podem entender perfeitamente bem, racionalmente, de onde o bebê veio, mas em suas fantasias o bebê é algo que elas produziram e elas não acham que poderiam ter produzido algo perfeito. E estão certas. Quer dizer, se elas já tentaram pintar um quadro ou produzir qualquer outro tipo de obra de arte ou mesmo preparar o jantar, não podem ter certeza de que as coisas vão sair perfeitas. E mesmo assim elas podem produzir um bebê perfeito.

Quer dizer então que, quando a mãe faz essa pergunta e a resposta é que o bebê é normal, está tudo bem, perfeitamente normal, a culpa dela, a culpa que motivou essa pergunta, desapareceu... Foi eliminada?
Isso, é realmente o que quero dizer, que o bebê volta a ser bebê e todas as fantasias são fantasias. Mas se, por outro lado, há alguma dúvida sobre o bebê, ou a enfermeira diz que está tudo bem e demora um pouco, a mãe então tem tempo para juntar todas as fantasias e os medos e as dúvidas à sua ideia de bebê e não consegue obter total garantia. E se realmente há algo errado, então ela tem de lidar com um período muito ruim em que se sente responsável por isso, porque ela teve esse vínculo da ideia de bebê com a gravidez real. Com o bebê dentro dela. Duas coi-

8. SENTIMENTO DE CULPA

sas bastante distintas, na verdade, mas que não é tão fácil de distinguir se o bebê não for completamente normal.

Sim, entendo.
E eu diria, por outro lado, que se o bebê for bastante normal, ainda assim o bebê não é tão bom quanto uma das fantasias que ela teve sobre o bebê.

Sim. Mas não consigo deixar de me perguntar se esses sentimentos são tão comuns. Eles devem ter certo valor. A culpa em si não é uma coisa ruim, não é? Não incentivaria o senso de responsabilidade da mãe para com o filho?
Sim. Bem, acho que é muito parecido com... Por exemplo, cozinhar. Se a pessoa não tem realmente um sentimento de dúvida, acho que não seria uma cozinheira tão interessante. O problema é que antes de uma festa, por exemplo, todo mundo fica um pouco nervoso porque algo pode dar errado e, é claro, ela provavelmente preparou muita comida para não faltar e todo esse tipo de coisa. Tudo isso é praticamente universal. Mas o fato é que as pessoas vêm para a festa e se divertem e depois comem tudo – até mesmo o que havia em excesso. Parece-me que o que você está dizendo é que é realmente necessário que as pessoas duvidem de si para se sentirem plenamente responsáveis.

Sim, sim, eu sinto isso. Se você não se sentisse nem um pouco culpado por seu filho, não iria querer protegê-lo tanto, não é mesmo? Quer dizer, se você sentisse que tudo ficaria bem e normal o tempo todo, que nada poderia dar errado, e de repente a criança tivesse febre, você diria: "Oh, bem, nada pode dar errado, por que me importar? Por que ir ao médico? Não há necessidade, nada pode dar tão errado assim...".

Sim, do meu ponto de vista é uma questão muito prática porque passo bastante tempo atendendo mães que trazem as crianças ao hospital, e sinto que elas vêm até mim preocupadas com as crianças, estão preocupadas pela criança e, se não estivessem, não perceberiam quando a criança está doente. Muitas vezes, elas vêm quando a criança está bem. Uma mãe pode me dizer que a criança caiu ontem e machucou a cabeça: "Eu só... Não tenho certeza de que ele está tão bem quanto antes, está tudo bem?". Bem, está certo ela vir, e minha função provavelmente será dizer: "Sim, examinei a criança e ela está bem". Então, sinto que estou lidando com o sentimento de culpa da mãe em relação ao filho, e tudo bem... Ele acaba quando ela faz a sua parte, ela verifica a situação; ou talvez, se ela não tivesse de ir ao médico, ela poderia apenas observar, refletir e ver que, afinal, tudo está bem. Mas é o sentimento de culpa que a torna sensível, imagino, e a dúvida que tem em si mesma. Porque acho que há pais que não têm essa capacidade de sentir culpa e que nem sequer reparam quando os filhos estão doentes.

Sim, deve ser bastante agradável, se assim posso dizer, para a criança. Quer dizer, para uma criança pequena, o mundo e as próprias responsabilidades são enormes, avassaladoras, não são? E uma mãe que esteja disposta a aceitar a culpa pelas coisas que acontecem, a culpar-se e a proteger a criança dessa forma, deve ser muito agradável para a criança. A culpa da mãe se torna um amortecedor, não é? Contra o mundo em geral.

Sim. Acho que, no geral, se pudéssemos escolher nossos pais, o que, obviamente, é uma das coisas que não podemos fazer, preferiríamos ter uma mãe que tivesse um sentimento de culpa, qualquer que fosse, que se sentisse responsável e sentisse que, se as coisas dessem errado, provavelmente seria culpa dela...

8. SENTIMENTO DE CULPA

Preferiríamos isso a uma mãe que imediatamente recorresse a algo externo para esclarecer tudo e dissesse que a causa foi a tempestade da noite passada ou algum fenômeno estranho, sem se responsabilizar por nada. Creio que entre as duas, certamente nos dois extremos, preferíamos ter a mãe que se sente muito responsável.

9

O DESENVOLVIMENTO DA NOÇÃO DE CERTO E ERRADO EM UMA CRIANÇA

[1962]

Algumas pessoas acham que as ideias de certo e errado crescem na criança como o caminhar e a fala, embora outras pessoas achem que é necessário infundi-las.[1] Minha opinião é de que há espaço para algo entre esses dois extremos, há espaço para a ideia de que a noção de bem e mal, como muitas outras, surja naturalmente em cada bebê e criança, desde que certas condições de cuidado ambiental possam ser pressupostas. Essas condições essenciais não podem ser descritas em poucas palavras, mas o principal é isto: o ambiente deve ser previsível e, a princípio, altamente adaptado às necessidades do bebê. A maioria dos bebês e crianças pequenas de fato recebe esses elementos essenciais.

Quero apenas dizer que a base da moralidade é a experiência fundamental do bebê de ser seu próprio e verdadeiro self, de continuar sendo; reagir ao imprevisível rompe essa continuidade e interfere no desenvolvimento do eu. Mas isso é retroceder demais nesta discussão. Devo passar para a próxima fase de desenvolvimento.

---

[1] Apresentação transmitida pela BBC em 11 de junho de 1962.

9. O DESENVOLVIMENTO DA NOÇÃO DE CERTO E ERRADO EM UMA CRIANÇA

À medida que cada bebê começa a reunir uma vasta experiência sobre seu próprio jeito doce de ser e a sentir a existência de um eu que poderia ser independente da mãe, os medos começam a dominar a cena. Esses medos são de natureza primitiva e baseiam-se na expectativa do bebê de sofrer retaliações brutas. O bebê fica agitado, com impulsos ou ideias agressivas ou destrutivas, que se manifestam como gritaria ou vontade de morder, e imediatamente o mundo parece estar cheio de bocas cortantes, dentes e garras hostis e todos os tipos de ameaça. Assim, o mundo do bebê seria um lugar aterrorizante se não fosse o papel protetor geral da mãe, que esconde esses grandes medos relacionados à experiência inicial da vida da criança. A mãe (e não me esqueço do pai) altera a qualidade dos medos da criança pequena ao ser um ser humano. Gradualmente ela é reconhecida pelo bebê como um ser humano. Assim, em vez de um mundo de retaliações mágicas, o bebê obtém uma mãe que compreende e que reage aos impulsos infantis. Mas a mãe pode ficar magoada ou ficar com raiva. Quando apresento a questão dessa forma, você perceberá imediatamente que, para o bebê, faz uma imensa diferença se as forças de retaliação se tornam humanizadas. Por um lado, a mãe sabe a diferença entre a destruição concreta e a intenção de destruição. Ela diz "Ai!" quando é mordida. Mas não fica nem um pouco perturbada ao reconhecer que o bebê quer comê-la. Na verdade, ela sente que isso é um elogio, a única maneira que o bebê tem de demonstrar seu amor entusiasmado. E, é claro, ela não é tão fácil de comer. Ela diz "Ai!", mas isso significa apenas que sentiu alguma dor. Um bebê pode machucar o seio, principalmente se os dentes, infelizmente, aparecerem precocemente. Mas as mães sobrevivem e os bebês têm a oportunidade de obter garantias da sua sobrevivência. Além disso, você dá aos bebês algo difícil, não é? Algo que tem um bom valor de sobrevivência, como um chocalho ou um anel de osso. Porque você sabe que é um alívio para o bebê poder morder alguma coisa.

Dessa forma, o bebê tem a oportunidade de desenvolver o uso da fantasia com a ação impulsiva real, e esse passo importante resulta da atitude consistente e da confiabilidade geral da mãe. Além disso, essa confiabilidade ambiental proporciona um cenário no qual o próximo movimento de desenvolvimento pode ocorrer. Esse próximo estágio depende da contribuição que o bebê pode dar para a felicidade dos pais. A mãe está lá no momento certo e receberá os gestos impulsivos que o bebê faz para ela e que significam muito para ela, porque realmente fazem parte do bebê e não são meras reações. Existe o sorriso reativo que significa pouco ou nada, mas também existe o sorriso que às vezes surge, e que significa que o bebê sente carinho, e sente carinho, naquele momento, pela mãe. Mais tarde, o bebê joga água da banheira nela ou puxa seu cabelo ou morde o lóbulo de sua orelha ou dá um abraço nela e coisas desse tipo. Ou o bebê produz uma excreção de uma maneira especial, o que quer dizer que a excreção tem o significado de um presente. E isso tem valor. A mãe se sente imensamente estimulada por essas pequenas coisas, se elas forem espontâneas. Por conta disso, o bebê é capaz de realizar um novo desenvolvimento e integração, de aceitar de uma maneira nova e mais plena a responsabilidade por toda a maldade e destrutividade sentidas nos momentos de agitação – isto é, na experiência instintiva.

O instinto mais importante para o bebê é aquele despertado na alimentação, e este se une ao fato de amar e gostar, e a brincadeiras afetuosas. E as fantasias de comer a mãe e o pai se misturam ao comer real, que é deslocado para a ingestão de alimentos. O bebê é capaz de começar a aceitar total responsabilidade por toda essa destruição impiedosa porque conhece os

9. O DESENVOLVIMENTO DA NOÇÃO DE CERTO E ERRADO EM UMA CRIANÇA

gestos que surgem e indicam um impulso para dar, e também porque sabe, por experiência própria, que a mãe estará ali no momento em que aparecerem os verdadeiros impulsos amorosos. Dessa forma, existe uma medida de controle sobre o que é bom e o que é mau e, assim, através de um processo complexo que se deve aos poderes crescentes que tornam o bebê capaz de reunir várias experiências – o que chamamos de integração –, o bebê torna-se gradualmente capaz de tolerar o sentimento de ansiedade pelos elementos destrutivos nas experiências instintivas, sabendo que haverá oportunidade para reparação e reconstrução. Damos a essa tolerância à ansiedade um nome. Nós a chamamos de sentimento de culpa. Podemos ver o sentimento de culpa se desenvolvendo junto à confiança da criança na confiabilidade do ambiente, e também vemos desaparecer a capacidade de sentir culpa, juntamente com a perda de confiança e a confiabilidade do ambiente – quando uma mãe tem de se afastar do seu bebê, quando ela está doente ou talvez quando está apenas preocupada.

Uma vez que comece a ser capaz de ter sentimento de culpa, ou seja, de relacionar o comportamento construtivo com a ansiedade em relação à destruição, o bebê estará em posição de separar o que parece bom e o que parece ruim. Não se trata de uma aquisição direta do sentido moral dos pais, mas de um novo sentido moral, que surge, como deveria, em cada novo indivíduo. A sensação de que algo está certo se associa à ideia que o bebê tem das expectativas da mãe ou dos pais; mas é o sentido de bom e ruim que se torna mais profundamente enraizado e se associa a esse sentimento de culpa – o equilíbrio entre a ansiedade dos impulsos destrutivos e a capacidade e oportunidade para reparar e para construir. O que diminui os sentimentos de culpa é bom para o bebê, e o que aumenta os sentimentos de culpa é ruim. Na verdade, a moralidade inata do bebê, à medida que se desenvolve a partir de medos brutos, é muito mais feroz do que a moralidade da mãe e do pai. Somente o que é verdadeiro e real conta para o bebê. Você faz um ótimo trabalho ensinando sua criança a dizer "Dá!" por boas maneiras, e não por gratidão.

Você verá que, de acordo com a teoria que aplico em meu trabalho, você está possibilitando que seu bebê desenvolva uma noção de certo e errado quando você é uma pessoa confiável nessa fase formativa inicial das experiências de vida de seu bebê. Depois que cada criança descobriu o próprio sentimento de culpa, é então, e apenas então, que faz sentido você apresentar suas ideias de bom e mau.

Se você não conseguir ter sucesso com seu bebê dessa forma (e você será melhor com um bebê do que com outro), você terá de fazer o melhor para ser um ser humano rigoroso, embora saiba que coisas melhores poderiam estar acontecendo no processo natural de desenvolvimento do bebê. Se você falhar completamente, então deverá tentar implantar ideias de certo e errado por meio de ensinamentos e exercícios. Mas isso é um substituto para a coisa real e é uma admissão de fracasso, e você odiará isso; de qualquer forma, esse método só funciona enquanto você, ou alguém agindo em seu nome, estiver lá para fazer cumprir sua vontade. Em contrapartida, se você puder iniciar seu bebê de modo que, através da confiabilidade que você representa, ele ou ela desenvolva uma noção pessoal de certo e errado em lugar de medos brutos e primitivos de retaliação, então você descobrirá mais tarde que pode reforçar as ideias da criança e enriquecê-las com suas próprias ideias. Porque, à medida que as crianças crescem, elas gostam de imitar os pais ou de desafiá-los, o que, no fim das contas, é igualmente bom.

10

AGORA ELAS TÊM CINCO ANOS
[1962]

Em um processo judicial muito recente, um juiz bastante sábio teria dito, em referência ao caso de uma criança de quase cinco anos cujos pais se separaram: "As crianças dessa idade são notoriamente resilientes".[1] Não desejo criticar o julgamento proferido no caso, mas cabe discutir a questão: as crianças de cinco anos são notoriamente resilientes? A resiliência, parece-me, só surge com o crescimento e a maturidade, e podemos defender a opinião de que não há momento no desenvolvimento de uma criança em que se possa dizer que ela é resiliente. A resiliência implicaria que poderíamos esperar conformidade por parte da criança sem risco para o crescimento de sua personalidade e para o estabelecimento de seu carácter.

Na verdade, seria possível argumentar que existem alguns recursos especiais desse estágio dos cinco anos que nos tornariam especialmente cuidadosos para não relaxar a vigilância

---

[1] Apresentação transmitida pela BBC em 25 de junho de 1962. Publicado pela primeira vez sob o título "A criança de cinco anos" em *Família e desenvolvimento individual* [1965], trad. Marcelo Brandão Cipolla. São Paulo: Ubu Editora/WMF Martins Fontes, 2023.

sobre a confiabilidade do ambiente. Esta noite tentarei analisar esses recursos especiais.

Você observa suas crianças crescerem e se surpreende. É tudo tão lento e, ao mesmo tempo, tudo acontece subitamente. Essa é a graça. Algumas semanas atrás você teve um bebê. E logo ele era uma criancinha, e hoje tem cinco anos, amanhã ele – ou ela, o que for aplicável – estará na escola. E dentro de algumas semanas ele terá praticamente começado a trabalhar.

Há aqui uma contradição interessante. O tempo passou lenta e rapidamente. Ou, eu poderia dizer, quando você sentia as coisas do ponto de vista da criança, o tempo praticamente parava. Ou não se movia no início e só começou a se mover gradualmente. A ideia de infinito vem dos traços de memória de cada um de nós na primeira infância, antes do início do tempo. Mas quando você passa a ter suas próprias experiências de adulto, percebe que cinco anos não representam quase nada.

Isso tem um efeito curioso na relação entre o que você se lembra e o que a criança se lembra. Você se lembra claramente do que aconteceu há um mês e agora, de repente, descobre que sua criança de cinco anos não se lembra da visita da tia ou da chegada do novo cachorrinho. Ela se lembra de algumas coisas, até mesmo de coisas antigas, principalmente se já foram comentadas, e aprende as histórias da família quase como se fossem de outra pessoa, ou como se se referissem a personagens de um livro. A criança se tornou mais consciente de si mesma e do tempo presente e, com isso, passou a esquecer.

Agora ela tem um passado, e em sua mente há indícios de coisas parcialmente esquecidas. O ursinho de pelúcia está no fundo da gaveta de baixo, ou ela esqueceu como aquilo já foi importante, e só lembrará quando de repente sentir necessidade dele outra vez.

10. AGORA ELAS TÊM CINCO ANOS

Poderíamos dizer que a criança está saindo de um cercado; as paredes começaram a apresentar vãos e as cercas agora têm espessuras irregulares; e vejam, ela está lá fora. Não é fácil para voltar lá para dentro ou sentir que voltou lá para dentro, exceto se ela estiver cansada ou doente, quando você recompõe o cercado para o bem dela.

O cercado foi provido por você, a mãe dele, pelo pai e pelos familiares, pela casa e pelo pátio, e pelas paisagens, ruídos e cheiros familiares. Também está relacionado ao estágio de imaturidade dela, à confiabilidade que ela encontra em você, e à natureza subjetiva do mundo infantil. Aquele cercado foi um desenvolvimento natural ao sair dos braços que você colocou em volta dela quando ela era um bebê. Você se adaptou de maneira íntima às necessidades do seu bebê, e então gradualmente se desadaptou, à medida que ele foi se tornando capaz de gostar de conhecer o inesperado e o novo. Assim, como as crianças são bem diferentes umas com as outras, você descobre que criou um cercado para cada criança, onde cada uma vive; e é desse cercado que seu filho ou filha emerge agora – pronto para um tipo diferente de grupo, um novo tipo de cercado, pelo menos algumas horas por dia. Em outras palavras, sua criança irá para a escola.

William Wordsworth referiu-se a essa mudança em sua "Ode sobre os prenúncios da imortalidade":

Os céus nos cercam em nossa infância!
Sombras da prisão começam a se fechar
Sobre o Menino que cresce [...][2]

---

[2] William Wordsworth, "Ode: Intimations of Immortality" [Ode: prenúncios da imortalidade], 1807. No original: "Heaven lies about

Aqui certamente o poeta sentiu a consciência da criança sobre o novo cercado, em contraste com a inconsciência do bebê sobre sua dependência.

Mas, é claro, você já iniciou o processo pela creche, se por acaso houver uma bem perto de onde você mora. Em uma boa creche, um pequeno grupo de crianças pequenas pode ter oportunidade de brincar e pode receber brinquedos adequados e talvez um chão melhor do que o seu, e alguém está sempre presente para supervisionar as primeiras experimentações de vida social de sua criança, como bater na cabeça de outra criança com uma pazinha.

Mas a creche não é muito diferente de casa, ainda é uma provisão especializada. A escola que estamos considerando agora é diferente. A escola primária pode ser boa ou não tão boa, mas não será adaptativa como a creche, nem especializada – exceto talvez no início. Ou seja, sua criança terá de fazer a adaptação, terá que se adequar ao que se espera dos alunos da escola. Espero que ela esteja pronta para isso, porque, se estiver, há muito a ser obtido com a nova experiência.

Você pensou muito no manejo dessa grande mudança na vida de seu filho. Já conversou sobre a escola, a criança brincou nas escolas e estava ansiosa com a ideia de experimentar uma ampliação do aprendizado que você e outras pessoas já proporcionaram.

As dificuldades surgem nessa fase porque as mudanças ambientais têm de ser ajustadas às mudanças que estão acontecendo na criança como parte do crescimento. Conheço bem as dificuldades das crianças dessa idade, e diria o seguinte: na grande maioria dos casos, a dificuldade não se deve a nenhum

---

us in our infancy!/ Shades of the prison-house begin to close/ Upon the growing Boy [...]". [N. E.]

problema grave, nenhuma doença real. A tensão tem a ver com a necessidade que uma criança tem de ser rápida e a outra, de ser lenta. Alguns meses fazem muita diferença. Você pode sentir que seu filho que faz aniversário em novembro está doido para ser admitido, enquanto seu filho que faz aniversário em agosto é enviado para a escola um mês ou dois antes do ideal.[3] De qualquer forma, uma criança se lança ansiosamente em águas mais profundas, enquanto outra tende a ficar tremendo na beirada, com medo de se afastar. E, a propósito, algumas das corajosas e aventureiras de repente recuam depois de molhar o dedo do pé e voltam para dentro de você e se recusam a ressurgir do cercado por dias, semanas ou mais. Você fica sabendo que tipo de filho tem, e conversa com os professores da escola, que estão bastante acostumados com tudo isso, e eles apenas esperam, escapando como um peixe em uma linha muito comprida. A questão é entender que sair do cercado é muito emocionante e muito assustador; e que, uma vez fora, é terrível para a criança não poder regressar, e que a vida é uma longa sequência de sair de cercados, assumir novos riscos e enfrentar novos e emocionantes desafios.

Algumas crianças têm dificuldades pessoais que as tornam incapazes de dar novos passos, e você pode precisar de ajuda se a cura não vier com o tempo ou se tiver outros indícios de que uma criança está doente.

Mas pode haver algo de errado com você, a mãe perfeitamente boa, quando seu filho recua. Se for assim, acho que você não gostaria que eu deixasse isso de fora. Vou explicar o que quero dizer.

Algumas mães atuam em duas camadas. Em uma camada (devo chamá-la de camada superior?) elas só querem uma coisa:

---

3   O ano letivo na Europa começa no segundo semestre. [N. E.]

querem que a criança cresça, saia do cercado, vá para a escola, conheça o mundo. Em outra camada, mais profunda, suponho, e não realmente consciente, elas não conseguem conceber a ideia de deixar a criança partir. Nessa camada mais profunda, na qual a lógica não é muito importante, a mãe não consegue renunciar a esta coisa extremamente preciosa que é a sua função materna – ela sente-se maternal mais facilmente quando o bebê depende dela do que quando, ao crescer, ele passa a gostar de estar separado, independente e rebelde.

A criança percebe isso com muita facilidade. Embora feliz na escola, ela chega em casa ofegante, grita na porta da escola todas as manhãs, em vez de entrar. Ela sente muito por você, porque sabe que você não suporta perdê-la e que não tem coragem de expulsá-la, porque essa é a sua natureza. É mais fácil para ela se você ficar feliz por se livrar dela e feliz por tê-la de volta.

Veja bem, muitas pessoas, inclusive as melhores, ficam um pouco deprimidas parte do tempo ou quase o tempo todo. Elas têm um vago sentimento de culpa por alguma coisa e se preocupam com suas responsabilidades. A vivacidade da criança em casa tem sido um tônico perpétuo. Os ruídos da criança, até os seus gritos, sempre foram um sinal de vida, a garantia de que tudo está certo. Pois as pessoas deprimidas sentem o tempo todo que podem ter deixado morrer algo, algo precioso e essencial. Chega o momento em que o filho deve ir para a escola e então a mãe teme o vazio da sua casa e de si mesma, a ameaça de um sentimento de fracasso pessoal interno que pode levá-la a encontrar uma preocupação alternativa. Quando seu filho volta da escola, se tiver surgido uma nova preocupação na mãe, não haverá lugar para ele, ou ele terá de lutar para voltar ao centro materno. Essa luta para voltar torna-se mais importante para a criança do que a escola.

10. AGORA ELAS TÊM CINCO ANOS

O resultado comum é que a criança recuse a escola. O tempo todo ela deseja estar na escola, e sua mãe deseja que ela seja igual às outras crianças.

Conheci um menino que, nessa fase, desenvolveu uma paixão por unir coisas com barbante. Ele estava sempre tentando amarrar almofadas na cornija da lareira e cadeiras nas mesas, de modo que era muito ruim se movimentar pela casa. Ele gostava bastante da mãe, mas sempre hesitava em voltar para ela porque ela rapidamente ficava deprimida quando ele a deixava, e em pouco tempo o substituía por alguma outra de suas preocupações e inseguranças.

Se você é um pouco assim, talvez ajude compreender que essas coisas acontecem com frequência. Você pode ficar feliz por seu filho ser sensível aos sentimentos da mãe e de outras pessoas, mas lamentar que sua ansiedade não manifesta e até mesmo inconsciente faça com que a criança sinta pena de você. Ela não consegue sair do cercado.

Você pode ter passado pela experiência dessa dificuldade em que ele se encontra. Talvez, por exemplo, você tenha achado difícil desmamá-lo. Talvez tenha reconhecido um padrão na relutância dele em dar qualquer novo passo ou em explorar o desconhecido. Em cada um desses estágios, você estava sob ameaça de perder a dependência do seu filho em relação a você. Você estava no processo de adquirir um filho com independência e uma atitude pessoal sobre a vida e, embora pudesse ver as vantagens a serem obtidas com isso, não conseguia obter a necessária liberação de sentimentos. Há uma relação muito estreita entre esse estado mental vagamente depressivo – essa preocupação com ansiedades indefinidas – e a capacidade de uma mulher de dar total atenção a uma criança. Na verdade, não posso falar de uma coisa sem me referir à outra. A maioria das mulheres vive, suponho, no limite.

As mães têm de passar por todos os tipos de agonia e é muito bom quando os bebês e as criança não precisam se deixar envolver por elas. Eles têm muitas agonias próprias. Na verdade, eles gostam de ter as próprias agonias, assim como gostam de ter novas habilidades, uma visão mais ampla e felicidade.

O que é isso que Wordsworth chama de "sombras da prisão"? Na minha linguagem, é a mudança de vida da criança pequena de um mundo subjetivo para a vida de uma criança mais velha em um mundo de realidade compartilhada. Um bebê começa com o controle mágico do ambiente – se você oferece cuidados suficientemente bons – e cria o mundo de novo, até mesmo você e a maçaneta da porta. Aos cinco anos, a criança tornou-se capaz de perceber melhor como você é, de reconhecer um mundo de maçanetas e outros objetos que existiam antes de sua concepção, e de reconhecer a dependência como fato justamente quando ela está se tornando verdadeiramente independente. É tudo uma questão de tempo e acredito que você está administrando isso de forma admirável. De certa forma, é o que as outras pessoas costumam fazer. Existem muitas outras maneiras pelas quais a vida pode afetar seu filho nessa idade. Mencionei o ursinho de pelúcia da criança. Sua criança pode, muito bem, estar viciada em algum objeto especial. Esse objeto especial que já foi um cobertor ou um guardanapo ou um dos seus lenços ou uma boneca de pano tornou-se importante para ela antes ou depois do primeiro aniversário, e especialmente nos momentos de transição, como a passagem da vigília para o sono. Esse objeto é imensamente importante; é tratado de forma abominável; até fede. Você tem sorte porque a criança usa o objeto e não você, ou o lóbulo da sua orelha, ou seu cabelo.

Este objeto une a criança à realidade externa ou compartilhada. Faz parte tanto da criança quanto de você, a mãe. Uma

10. AGORA ELAS TÊM CINCO ANOS

de suas crianças tem um objeto desses que é inútil durante o dia, mas a outra o leva para todos os lugares. Aos cinco anos, a necessidade de ter esse objeto pode não ter sido interrompida, mas muitas outras coisas podem tomar o lugar dele – a criança lê histórias em quadrinhos, tem uma grande variedade de brinquedos, duros e macios, e há toda a vida cultural esperando para enriquecer a experiência de vida dela. Mas você pode ter problemas quando a criança for para a escola e precisar que o professor vá mais devagar e não proíba totalmente esse objeto da sala de aula logo no início. Esse problema quase sempre se resolve em poucas semanas.

Eu diria que a criança está levando para a escola um pouco do relacionamento que tem com você e que remonta à dependência infantil e à primeira infância, ao tempo em que ela estava apenas começando a reconhecer você e o mundo como separados do self.

Se a ansiedade de ir para a escola se resolver, o menino poderá desistir de levar esse objeto consigo e, em vez disso, terá um caminhão ou um motor junto com o barbante e o alcaçuz nos bolsos, e a menina de alguma forma conseguirá resolver torcendo um lenço, ou talvez ela tenha um bebê secreto numa caixa de fósforos. Em qualquer caso, as crianças sempre podem chupar o dedo ou roer as unhas se a situação ficar muito difícil. À medida que ganham confiança, as crianças geralmente desistem dessas coisas. Você aprende a esperar que elas demonstrem ansiedade em relação a todos os movimentos que deixam de ser parte integrante de você e de seu lar, movimentos em direção à cidadania do vasto mundo. E a ansiedade pode se manifestar como um retorno a padrões infantis que, felizmente, subsistem para proporcionar segurança. Esses padrões tornam-se uma espécie de psicoterapia incorporada que mantém sua eficácia porque você está viva e disponível, e porque está o tempo todo fornecendo uma ligação entre o presente e as experiências da infância da criança, das quais esses padrões infantis são relíquias.

Outra coisa. As crianças tendem a se sentir desleais se gostam da escola e se gostam de se esquecer de você por algumas horas. Elas se sentem vagamente ansiosas ao chegar perto de casa ou atrasam o retorno sem saber o porquê. Se você tem motivos para ficar zangada com seu filho, não escolha o momento do retorno da escola para isso. Você também pode ficar irritada por ter sido esquecida, então preste atenção em suas próprias reações aos novos desenvolvimentos. Seria melhor não ficar zangada com aquela toalha manchada de tinta até você e a criança restabelecerem contato.

Essas coisas não apresentam grandes dificuldades se você souber o que está acontecendo. Crescer nem sempre é doce para a criança e, para a mãe, muitas vezes é amargo.

11

A CONSTRUÇÃO DA CONFIANÇA
[1969]

Deveria ser fácil escrever sobre o estresse que ocorre nas idades mais tenras, simplesmente porque todos sabem que crianças muito novas precisam de cuidados contínuos e confiáveis, caso contrário não se desenvolverão adequadamente.[1] No próximo estágio de desenvolvimento individual, esperamos que as crianças tenham reunido em si inúmeros exemplos de bons cuidados e avancem com certa medida de crença, crença nas pessoas e no mundo, de modo que é preciso algo muito grande para conseguir derrubá-las. Na mais tenra idade, porém, essa crença em coisas e pessoas está em processo de construção.

Esse é o principal fator que observamos nas crianças muito pequenas: embora confiem em nós, a sua fé pode ser facilmente abalada. Por esse motivo, tomamos especial cuidado para sermos confiáveis no que é essencial.

Compreenderemos que não fazemos isso por esforço deliberado ou por estudar livros ou assistir a palestras, mas sim porque as crianças despertam o melhor em nós, para que, por um tempo, nos comportemos muito bem. Nem sequer discutimos

---

1   Escrito em dezembro de 1969.

em público – ou seja, na frente das crianças, e permitimos que a simples existência da criança nos faça parecer unidos.

Algumas pessoas estão tão ocupadas em gerir a própria vida e o próprio temperamento difícil que não conseguem fazer pelas crianças aquilo de que elas precisam, mas as crianças podem compreender muita coisa enquanto houver um lar e os pais forem vistos juntos, e se houver calor mesmo com o clima frio, e comida que pode ser esperada e apreciada, e ausência de ruídos repentinos e imprevisíveis que causam dor física e não podem ser explicados. Em condições físicas que podem ser conhecidas e, por assim dizer, controladas, as crianças conseguem suportar alguma tensão na relação entre os pais, pois, para elas, é bom que os pais estejam, de alguma forma, presentes, vivos e tenham sentimentos. Ao mesmo tempo, é verdade que o crescimento das crianças pequenas é mais facilmente alcançado se os pais tiverem um relacionamento tranquilo entre si. Na verdade, o mundo interpessoal dos pais é simbolizado para a criança pela estabilidade da casa e pela vivacidade da rua, e nem de perto o contrário, com a casa e a rua encontrando um simbolismo no relacionamento dos pais entre si.

SEM IDEALISMO

Devo ser cuidadoso. Ao descrever com tanta facilidade o que as crianças muito pequenas precisam, pode parecer que quero que os pais sejam anjos altruístas e espero que o mundo seja ideal, como um jardim suburbano no verão, com o pai cortando a grama e a mãe preparando o jantar de domingo, e o cachorro latindo para um cachorro alienígena por cima da cerca. Sobre as crianças, e mesmo os bebês, pode-se dizer que não se dão bem

II. A CONSTRUÇÃO DA CONFIANÇA

com a perfeição mecânica. Elas precisam de seres humanos à sua volta que tenham tanto sucessos como fracassos.

Gosto de usar a expressão "suficientemente bom". Pais suficientemente bons podem ser úteis para bebês e crianças pequenas, e suficientemente bom significa você e eu. Para sermos consistentes e previsíveis para nossas crianças, devemos ser *nós mesmos*. Se formos nós mesmos, nossas crianças poderão nos conhecer. Sem dúvida, se estivermos representando um papel, seremos descobertos quando formos pegos sem maquiagem.

O PERIGO DO DIDATISMO

Meu problema é encontrar uma maneira de dar instruções sem instruir. Há um limite para o valor de receber um ensinamento. Na verdade, para os pais que começam a procurar conselhos nos livros é importante que saibam que não têm de saber tudo. A maior parte do que acontece no bebê ou na criança em desenvolvimento acontece quer você entenda ou não, simplesmente porque a criança apresenta uma tendência herdada para o desenvolvimento. Ninguém precisa deixar uma criança com fome, com raiva, feliz, triste, carinhosa, boa ou malcriada, as coisas simplesmente acontecem. Você já concluiu essa parte de sua responsabilidade e estabeleceu os detalhes das tendências herdadas de seu filho quando escolheu seu parceiro e quando aquele único espermatozoide penetrou no único óvulo. Naquele momento fatídico, o livro sobre hereditariedade foi fechado e as coisas começaram a se desenrolar em termos de espírito, mente, personalidade e caráter de sua criança. É uma questão de fisiologia e anatomia. A forma como essas coisas funcionam é extremamente complicada e, se assim o desejar, você poderá dedicar a sua vida a um interessante projeto de investigação ligado ao desenvolvimento humano; esse trabalho, entretanto, não ajudará você com sua própria criança, que realmente precisa de você.

O QUE SABER

O que, então, os pais podem saber de forma útil? Eu sugeriria que há duas coisas principais a saber, uma das quais tem a ver com o processo de crescimento, que pertence à criança, e a outra tem a ver com a provisão ambiental, que é de sua responsabilidade.

O processo de crescimento

Uma vez que isso lhe tenha sido apontado, fica bastante óbvio que seu bebê apresenta a tendência a viver e respirar, comer, beber e crescer. Você será inteligente se assumir desde o início que essas questões são verdadeiras.

Ajuda muito saber que você não precisa transformar seu bebê em uma criança, fazer a criança crescer, tornar a criança boa ou limpa, fazer da criança boa uma criança generosa, tornar a criança generosa esperta para escolher os presentes certos para as pessoas certas.

Se você der um passo para trás e observar, logo verá o processo de desenvolvimento em ação e terá uma sensação de alívio. Você iniciou algo que tem o próprio dínamo integrado. Você precisará procurar os freios.

Cada comentário que faço deve ser modificado por outra observação: não existem duas crianças iguais, por isso você pode ficar incomodado com a falta de vivacidade de uma criança e com o dinamismo de outra. Mas o princípio essencial é válido em todos os casos: são os próprios processos de desenvolvimento da criança que promovem as mudanças pelas quais você está procurando.

Assim, o primeiro princípio útil tem a ver com as tendências inatas a cada criança.

O ambiente

O segundo princípio útil tem a ver com o seu lugar especial como ambiente e como provedor de ambiente. Ninguém precisa provar a você que um bebê necessita de carinho e calor depois de nascer. Você sabe que isso é verdade. Se alguém duvida disso, cabe provar que o que você sabe é errado.

Afinal, você também já foi bebê e tem suas memórias para orientá-la, além de tudo o que você aprendeu ao observar e participar do cuidado dos bebês.

O ambiente que você oferece é principalmente você mesma, sua pessoa, sua natureza, suas características únicas que a ajudam a saber que você é você mesma. Isso inclui, é claro, tudo o que você reúne à sua volta, seu aroma, a atmosfera que te acompanha, e inclui o homem que será o pai do bebê, e pode incluir outras crianças, se você as tiver, bem como avós, tias e tios. Em outras palavras, o que estou fazendo nada mais é do que descrever a família à medida que o bebê a descobre gradualmente, incluindo as características do lar que fazem com que o seu lar não seja como nenhum outro.

INTERAÇÃO

Portanto, aqui há duas coisas distintas: as tendências inatas do bebê e o lar que você proporciona. A vida consiste na interação dessas duas coisas. No início, a interação acontece bem debaixo do seu nariz e, mais tarde, ocorre fora do seu entorno imediato – na escola, ou nas amizades, em um acampamento de férias e, é claro, *dentro* da mente ou na vida pessoal de seu menino ou menina.

Você poderia, se quisesse, passar seu tempo comparando o comportamento de sua criança com algum padrão que você estabeleceu, a partir de seu próprio padrão familiar, ou com o padrão que lhe foi transmitido por alguém que você admirava. Mas obtém-se uma experiência muito mais rica e proveitosa comparando a luta pessoal da criança em direção à independência com a dependência que você tornou possível porque a criança confiava em você e na configuração geral de seu lar.

DOIS TIPOS DE ESTRESSE

Descrevi o desenvolvimento da criança dessa forma para simplificar a minha tarefa de descrever o estresse. É possível dizer que o estresse vem de duas direções; embora na prática devamos esperar encontrar misturas.

O processo interno

A primeira tem a ver com o fato de o processo de desenvolvimento do indivíduo humano ser extremamente complicado e

II. A CONSTRUÇÃO DA CONFIANÇA

as coisas poderem dar errado internamente. A psicanálise trata disso. Não há necessidade nenhuma de os pais ou as pessoas que cuidam de crianças pequenas saberem quais são as tensões e os estresses inerentes ao estabelecimento da personalidade e do caráter do indivíduo e à capacidade gradual do bebê e da criança de estabelecerem um relacionamento com a família e a comunidade, para se tornarem parte da sociedade sem uma perda muito grande do impulso e da criatividade pessoais.

Os pais e outras pessoas ligadas à criança podem considerar esses assuntos de extremo interesse; mas o importante é ser capaz de abordá-los com imaginação, em vez de ser capaz de compreendê-los.

Seu filho está brincando debaixo da mesa, se levanta e a mesa bate na cabeça dele. Ele corre até você e se prepara para um bom choro. Você faz os ruídos apropriados e coloca a mão onde machucou a cabeça, e talvez cure com um beijo. Depois de alguns minutos, tudo está bem e o jogo debaixo da mesa é retomado. O que você ganharia se tivesse sido capaz de escrever uma tese sobre vários aspectos desse acontecimento?

1 É assim que as crianças aprendem enquanto brincam. Elas devem olhar antes de pular...
2 A mesa não bateu realmente na cabeça da criança, mas nessa idade a primeira suposição será desse tipo, e é provável que algumas crianças se agarrem mais à teoria do trauma da "perseguição"; isso tem a ver com uma dificuldade em aceitar como fato a própria agressividade, e talvez com a raiva que se perdeu por constituir uma experiência dolorosa para um bebê ou uma criança pequena, para quem a integração ainda é incerta quando uma emoção poderosa é despertada...

3   Seria um bom momento para dar uma palestra: "Veja, se você se movimentar assim sem pensar você vai se machucar, e um dia...".

Não, acho que é melhor quando o assunto é encerrado com um beijo curativo, simplesmente porque você sabe como se sentiria se fosse aquela criança atingida na cabeça por uma mesa desagradável e vingativa. Isso se chama empatia, e se você não a tiver, não é algo que se aprende em lugar nenhum.

Mas, é claro, você pode ser uma pessoa solitária, e essa pancada na cabeça pode se tornar uma chance enviada pelos céus para você fazer contato com alguém, então você beija e abraça, põe a criança para dormir e fica sentimental; talvez você ligue primeiro para o médico para ter certeza de que não houve danos internos!

Nesse caso, a criança desencadeou algo em você que está relacionado com seus próprios problemas, e para a criança isso redunda em confusão. Isso está fora da capacidade de compreensão da criança, e ao analisar o episódio nos afastamos dos processos inerentes à vida e ao desenvolvimento infantil. Afortunada é a criança que, em geral, fica livre para experimentar, dia após dia, as coisas novas que se integram a sua capacidade cada vez maior.

Muita coisa acontece nos interstícios escuros da sua aspidistra, se você tiver uma, e talvez você não conheça nada de biologia; ainda assim, pode ser que te conheçam em sua rua por sua aspidistra de folhas verdes e limpas, sem bordas marrons.

Não há nada mais fascinante do que estudar o modo como um bebê se torna criança, adolescente e adulto, mas não é disso que as crianças precisam dos pais. Talvez para os professores e aqueles que estão mais dissociados da criança do que os pais nas experiências da vida cotidiana exista mais coisas a serem ditas no estudo do que é conhecido e do que não é conhecido sobre os processos de desenvolvimento. Com certeza, para aqueles que cuidam de crianças anormais e que se propõem a tratar de crianças doentes em termos de desenvolvimento emocional e em termos de personalidade e caráter é importante fazer um estudo profundo sobre esse mesmo assunto.

É tentador começar a descrever as dificuldades inerentes. Bastam dois exemplos. Um é o problema universal da ambivalência: amar e odiar a mesma pessoa ou coisa ao mesmo tempo. Outro é a experiência pela qual cada criança deve passar, em maior ou menor grau, sentindo-se em sintonia com os impulsos instintivos à medida que se manifestam nos órgãos do corpo ou, alternativamente, sentindo-se mais à vontade com o sexo oposto do corpo da criança.

Existem muitos outros conflitos que vemos nossos filhos enfrentarem e tentarem resolver, e sabemos que muitas crianças adoecem porque não conseguem encontrar uma solução profissional. Mas não é função dos pais se tornar psicoterapeutas.

A provisão ambiental

Em contraste com o funcionamento do processo interno da criança, há a provisão ambiental. É você, sou eu, é a escola e é a sociedade, e aqui estamos interessados de uma nova maneira porque somos responsáveis.

Para bebês e crianças pequenas, a provisão ambiental dá oportunidade para o processo interno de crescimento acontecer ou impede que ele aconteça.

A palavra-chave poderia ser "previsibilidade". Os pais, e especialmente a mãe, no início, estão se esforçando muito para proteger a criança daquilo que é imprevisível.

Veremos que, em um ritmo rápido ou lento, esta ou aquela criança está se tornando capaz de somar dois mais dois e de vencer a imprevisibilidade. Há aqui uma variação surpreendente, de acordo com a capacidade da criança pequena de vencer a imprevisibilidade. Porém a necessidade da mãe permanece. Um avião voa baixo. Isso pode ser prejudicial até para um adulto. Nenhuma explicação é válida para a criança. Válido é que você segure a criança perto de si; a criança então aproveita que você não está com medo excessivo e logo sai e brinca novamente. Se você não estivesse lá, a criança poderia ter se machucado irreparavelmente.

Esse é um exemplo grosseiro, mas estou demonstrando que, encarando os cuidados maternos dessa forma, o estresse pode ser descrito em termos de falha na provisão ambiental, exatamente onde a confiabilidade é necessária.

Acontece a mesma coisa quando uma mãe tem de deixar um filho pequeno no hospital durante alguns dias, como foi sublinhado por John Bowlby, e também por James e Joyce Robertson no comovente filme *A Two-Year-Old Goes to Hospital* [Uma criança de dois anos vai ao hospital]. Nessa idade, a criança já conhece a mãe como pessoa e é dela que precisa – e não só de seu cuidado e proteção. O estresse nessa idade vem do fato de que o outro está ausente por um período maior do que aquele durante o qual a criança consegue manter viva a imagem mental da mãe, ou pode sentir sua presença viva no mundo imaginativo do sonho e da brincadeira, às vezes chamado de "realidade psíquica interior". Médicos e enfermeiros estão ocupados com o trabalho de cuidar do corpo e muitas vezes não sabem ou não têm tempo para considerar que, como resultado de uma separação demasiado longa, a personalidade de uma criança pode ser completamente alterada devido a interferências ambientais, e pode se estabelecer a base de um transtorno de caráter que não poderemos corrigir.

É sempre a mesma coisa: houve uma provisão ambiental suficientemente boa em termos de previsibilidade, de acordo com a capacidade de previsão da criança, e depois houve uma falta de confiabilidade que automaticamente quebrou a continuidade do processo de desenvolvimento da criança. Depois disso, a criança terá uma lacuna na linha entre o agora e as raízes do passado. Tem de haver um recomeço. Muitos desses recomeços resultam em uma falha na criança, no sentimento que diz: *Eu sou, esta sou eu, eu existo, sou eu que amo e odeio, sou eu que as pessoas veem e eu que vejo o rosto da minha mãe quando ela vem, ou no espelho.* Os processos de crescimento se tornam distorcidos porque a integridade da criança foi rompida.

Acontece que uma grande proporção de crianças, especialmente as que não são sofisticadas e as que não têm instrução, de fato passam pela primeira infância sem terem experimentado essa ruptura na continuidade da vida que é tão difícil. Essas crianças tiveram oportunidade de se desenvolver (pelo menos nos estágios iniciais) de acordo com as próprias tendências em direção ao desenvolvimento. Elas são privilegiadas.

Infelizmente, uma parte das crianças, especialmente em culturas sofisticadas, têm de carregar por toda a vida algum grau de distorção do desenvolvimento pessoal causado pela imprevisibilidade ambiental e pela intrusão do imprevisível, e elas perdem uma noção clara do *eu sou, eu sou eu, eu existo aqui e agora, tendo isso como base, posso entrar na vida dos outros, sem uma sensação de ameaça à minha própria base para ser eu mesma.*

ESTUDO DOS FATORES AMBIENTAIS

Tenho a tendência em jogar água fria sobre a ideia de que os pais deveriam estudar os processos de desenvolvimento inerentes ao crescimento individual e baseados em tendências hereditárias. Para mim, não é tão evidente que um estudo da provisão ambiental seja inútil. Certamente, se as mães souberem que aquilo que fazem é de vital importância para os seus bebês e crianças pequenas, estarão em uma posição mais forte para lutar por seus direitos quando é levianamente sugerido que mães e bebês, ou mães e crianças pequenas devem ser separados. Muitas vezes isso significa que o bebê deve ser cuidado de modo impessoal.

O mundo tem muito a aprender a esse respeito, especialmente os médicos e enfermeiros que estão mais preocupados com a saúde e a doença em termos corporais. As mães e os pais devem lutar pela própria causa aqui, porque ninguém mais lutará por eles. Ninguém se importa tanto quanto os pais.

Isso me leva ao último ponto: mesmo essa questão da provisão ambiental, da confiabilidade, da adaptação às necessidades infantis, não precisa de ser aprendida. Há algo no fato de ter um bebê (até mesmo na preparação para adotar um bebê) que altera os pais. Eles se orientam para a tarefa especial. Eu quis dar um nome a isso, então chamei de "preocupação materna primária", mas o que é um nome?

Essa orientação para as necessidades do bebê depende de muitas coisas, uma das quais é que a mãe e o pai realmente carreguem consigo memórias ocultas de terem sido eles próprios bebês e de terem sido cuidados com base em confiabilidade, proteção, imprevisibilidade e oportunidade de prosseguir com a questão altamente individual de crescimento pessoal.

II. A CONSTRUÇÃO DA CONFIANÇA

Então, de alguma forma, a natureza atendeu a essa necessidade muito premente ou mesmo absoluta de bebês e crianças pequenas, tornando natural que os pais restrinjam o seu mundo temporariamente, apenas por alguns meses, de modo que o mundo esteja ali no meio e não totalmente do lado de fora.

RESUMO

O estresse pode ser encarado, portanto, de duas maneiras. Um caminho nos leva ao estudo das tensões e estresses internos inerentes ao crescimento emocional. O outro tem um significado mais prático (a menos que sejamos psicanalistas), visto que aqui o estresse resulta de uma falha relativa ou grosseira na provisão ambiental. Essas falhas podem ser descritas em termos de falta de confiabilidade, destruição da confiança, aceitação da imprevisibilidade e por um padrão definitivo ou repetido de ruptura da continuidade da linha de vida de cada criança.

Em geral, aqueles que cuidam de crianças são descobertos por uma seleção cuidadosa, que não é ensinada em sala de aula.

De qualquer forma, os bebês são muito bons em selecionar a própria mãe no que diz respeito a esta questão de preocupação materna primária. Para além disso, duvido que eu lhes desse uma pontuação tão alta. Mas eles precisam aproveitar o que encontram nos próprios pais.

ÍNDICE REMISSIVO

Adaptação 50, 77, 83, 88, 96, 103, 117, 125, 143
adoção 25, 143
adolescente 30, 93, 102, 105-06, 139
agressividade 56, 60-61, 113, 138; *bater* 43, 59, 60, 70, 94, 125, 138
ajuda 24, 33, 38, 59-61, 70, 75-77, 85, 88-90, 104, 126
alimentação 36-40, 44, 51, 56, 67, 75, 91, 97-98, 114, 118-19, 133-35
amamentação 24, 36-37, 65, 69-72, 91
ambiente 69, 79, 102-05, 119-20, 123, 129, 135-36, 140-44; *provisão ambiental* 103, 117, 135, 140-44
amor 24, 28-33, 49, 55, 60, 70-71, 81, 90-91, 94, 113, 118
ansiedade 70, 76, 111, 120, 125, 128, 130
assistente social 25-26, 84

Berço 35, 72, 110
brincar 38, 57, 63, 73-74, 86, 105, 125, 141; *brincadeira* 37-38, 74, 42, 55, 99, 105, 113, 119, 138, 141; *brinquedo* 45, 52, 63-64, 67, 73-74, 86, 125; *bicho de pelúcia* 123, 129; *boneca* 37-39, 99, 112, 129
BOWLBY, John 141

Cachorro 35, 71, 87, 123, 133
cansaço 41, 45, 52, 82-83, 94, 124
caráter 134, 138-42
carrinho de bebê 35, 59, 60-61, 68, 110
casa 23, 35, 41-43, 52, 63-65, 74, 83-89, 94, 98, 101, 105, 110-111, 124-33, 136-37
choro 60-62, 138
chupar *chupeta* 7, 37; *o dedo* 18, 34, 37-39, 126, 130; *pano* 34, 37-39
ciúme 18-19, 48, 58-74, 78-80, 96, 110-11
colo 63-66, 72-75, 96
comer 98, 118-19, 135
confiança 29-31, 38, 56, 69-71, 75-77, 101-03, 106, 119-24, 130-32, 141-44
conflito 31, 70, 78, 104, 107, 140
confusão 25, 49-50, 70, 85, 88, 101, 139
consideração [*concern*] 26, 71, 91
continuidade 117, 142-44
controle 22, 26, 47-49, 53-54, 66, 105-07, 120, 129, 133
crescimento 55, 68-69, 78, 102-03, 106, 122, 125, 133-35, 140-44
criatividade 74, 106, 138
cuidados maternos 23, 31-32, 48-49, 53, 83, 104, 108, 141

ÍNDICE REMISSIVO

culpa 9, 16, 19, 23, 28, 32, 47, 52, 108-15, 120-21, 127

Delinquência 24, 93
dependência 29, 57, 125, 128-30, 137; *independência* 89, 93, 100, 128, 137
depressão 97, 128
deprivação 31, 38, 93
desfrutar 24, 37-39, 72, 102
desordem 82-85, 88
destrutividade 28, 41-42, 56, 70-71, 85, 89, 106, 118-120
distorção 78-80, 142
doença 22, 62, 92-95, 105, 115, 120, 124-26, 143
dor 46, 76, 92, 118, 133

Educação 21-23, 78
empatia 19, 139
enfermeira 113, 141-43
escola 53, 61-62, 76, 86, 105, 123-31, 137, 140
esperança 49, 93, 98; *desesperança* 31
espontaneidade 88, 104
esquecimento 45, 53-54, 85, 123, 131
EU/NÃO EU 35, 38

Falha 9, 42, 56, 91, 121, 127, 134, 141-44

família 7-8, 12-13, 27, 47-49, 54, 59-64, 72, 82, 87, 94, 101, 105, 122-24, 136-38, 154
fantasia 30, 70, 113, 119
frustração 18, 39, 48, 83-86, 104

Gravidez 75, 91, 113
gritar 65-66, 70-71, 87, 99, 127

Imaginação 18-19, 28, 32, 36-37, 44, 51, 70-71, 74, 102, 105, 138
imitação 103, 121
impulso 28-29, 104-06, 118-20, 138-40
inconsciente 14, 33, 128
insegurança 35, 104-05
instinto 24-39, 119, 140
integração 119-20, 138
inveja 64, 69, 85
irmãos/irmãs 59-64, 73, 79, 94

Leite 54, 84
liberdade 41, 102
linguagem 47, 75
LOVELACE, Richard 102

Magia 29, 90, 118, 129
mamadeira 18, 65-66, 69, 97
manejo 125
maternagem 105

maturidade 30, 122; *imaturidade* 39, 64, 124
mecanismos de defesa 68
médico 13, 22, 25, 114-15, 139-43
medo 28-30, 44, 51, 54, 90, 101, 106-12, 126, 141
morder 91, 118-19
morte 29, 105, 127

Nascimento 61, 75, 92
natureza humana 28, 31
normalidade 36, 58, 74, 78, 112-14; *anormalidade* 24, 78, 140

Objeto 18, 35-38, 55-56, 68, 71, 76-77, 129-30
ódio 28-30, 70, 90-91, 113, 140

Parto 76, 91-92
perigo 10, 18, 25, 33, 46, 55, 91
personalidade 35, 78, 79, 122, 134, 138, 140, 141
preocupação materna primária 143-44
professora 53, 105, 126, 130, 139
proteção 19, 46-48, 55, 73-74, 85-87, 99, 101, 104-05, 109, 114-15, 118, 140-43
provisão ambiental *ver* ambiente

Raiva 29, 63, 66, 70, 74, 91, 100, 118, 131, 134, 138
RAYNER, Claire 16, 108
realidade 29, 38, 55-56, 70, 129, 141
rebeldia 8, 96, 127
regressão 14, 96, 126
relacionamento 32, 37, 65, 75, 106, 130, 133, 138
religião 24, 38
reparação 120
repressão 26, 90
responsabilidade 18, 45-47, 54-55, 71, 77, 106, 119, 134-35
ressentimento 60-61, 90, 93

Satisfação 36, 52, 71, 91
saúde 21-22, 26, 89, 105, 108, 143
segurança 33, 48, 55, 101-07, 130
seio 18, 36, 118
self 39, 68, 71, 74, 117, 130
separação 38, 46, 70, 120, 130
simbolismo 69, 133
sobrevivência 70, 95, 104, 118
sociedade 47, 93, 103, 138-40
sonho 30-32, 37-38, 71, 99, 141; *devaneio* 38; *pesadelo* 33
sono 34-36, 68, 82-84, 94-97, 129, 139

Tendência *antissocial* 93; *hereditária* 134, 143

149

ÍNDICE REMISSIVO

tensão 29, 38, 126, 133, 138, 144
tristeza 71, 106, 134

Vigilância 51-53, 123
vivacidade 127, 133, 136

WORDSWORTH, William 124, 129
WINNICOTT, Clare 15

SOBRE O AUTOR

Donald Woods Winnicott nasceu em 7 de abril de 1896, em Plymouth, na Inglaterra. Estudou ciências da natureza na Universidade de Cambridge e depois medicina na faculdade do St. Bartholomew's Hospital, em Londres, onde se formou em 1920. Em 1923, foi contratado pelo Paddington Green Children's Hospital – onde trabalhou pelos quarenta anos seguintes –, casou-se com a artista plástica Alice Taylor e começou sua análise pessoal com James Strachey, psicanalista e tradutor da edição Standard das obras de Sigmund Freud para o inglês. Em 1927, deu início à sua formação analítica no Instituto de Psicanálise, em Londres. Publicou seu primeiro livro em 1931, *Clinical Notes on Disorders of Childhood* [Notas clínicas sobre distúrbios da infância]. Em 1934, concluiu sua formação como analista de adultos e, em 1935, como analista de crianças. Pouco depois, iniciou uma nova análise pessoal, desta vez com Joan Riviere. Durante a Segunda Guerra Mundial, Winnicott trabalhou com crianças que haviam sido separadas de suas famílias e evacuadas de grandes cidades. Nos anos seguintes à guerra, foi presidente do departamento médico da British Psychological Society por duas gestões. Após um casamento conturbado, divorciou-se de Alice Taylor em 1951 e casou-se com a assistente social Clare Britton no mesmo ano. Foi membro da Unesco e do grupo de especialistas da OMS, além de professor convidado no Instituto de Educação da Universidade de Londres e na London School of Economics. Publicou dez livros e centenas de artigos. Entre 1939 e 1962, participou de diversos programas sobre maternidade na rádio BBC de Londres. Faleceu em 25 de janeiro de 1971.

SOBRE O AUTOR

OBRAS

Clinical Notes on Disorders of Childhood. London: Heinemann, 1931.
Getting to Know Your Baby. London: Heinemann, 1945.
The Child and the Family: First Relationships. London: Tavistock, 1957.
The Child and the Outside World: Studies in Developing Relationships. London: Tavistock, 1957.
Collected Papers: Through Paediatrics to Psychoanalysis. London: Hogarth, 1958.
The Child, the Family, and the Outside World. London: Pelican, 1964.
The Family and Individual Development. London: Tavistock, 1965.
The Maturational Processes and the Facilitating Environment. London: Hogarth, 1965.
Playing and Reality. London: Tavistock, 1971.
Therapeutic Consultations in Child Psychiatry. London: Hogarth, 1971.
The Piggle: An Account of the Psychoanalytic Treatment of a Little Girl. London: Hogarth, 1977.
Deprivation and Delinquency. London: Tavistock, 1984. [póstuma]
Holding and Interpretation: Fragment of an Analysis. London: Hogarth, 1986. [póstuma]
Home Is Where We Start From: Essays by a Psychoanalyst. London: Pelican, 1986. [póstuma]
Babies and their Mothers. Reading: Addison-Wesley, 1987. [póstuma]
The Spontaneous Gesture: Selected Letters. London: Harvard University Press, 1987. [póstuma]
Human Nature. London: Free Association Books, 1988. [póstuma]
Psycho-Analytic Explorations. London: Harvard University Press, 1989. [póstuma]
Talking to Parents. Reading: Addison-Wesley, 1993. [póstuma]
Thinking About Children. London: Karnac, 1996. [póstuma]
Winnicott on the Child. Cambridge: Perseus, 2002. [póstuma]
The Collected Works of D. W. Winnicott. Oxford: Oxford University Press, 2016. [póstuma]

EM PORTUGUÊS

Da pediatria à psicanálise [1958], trad. Davy Bogomoletz. São Paulo: Ubu Editora/WMF Martins Fontes, 2021.
A criança e seu mundo [1964], trad. Álvaro Cabral. São Paulo: LTC, 1982.
Família e desenvolvimento individual [1965], trad. Marcelo B. Cipolla. São Paulo: Ubu Editora/WMF Martins Fontes, 2023.
Processos de amadurecimento e ambiente facilitador: estudos sobre a teoria do desenvolvimento emocional [1965], trad. Irineo Constantino Schuch Ortiz. São Paulo: Ubu Editora/WMF Martins Fontes, 2022.
O brincar e a realidade [1971], trad. Breno Longhi. São Paulo: Ubu Editora, 2019.
Consultas terapêuticas em psiquiatria infantil [1971], trad. Joseti M. X. Cunha. São Paulo: Ubu Editora/WMF Martins Fontes, 2023.
The Piggle: o relato do tratamento psicanalítico de uma menina [1977], trad. Else P. Vieira e Rosa L. Martins. Rio de Janeiro: Imago, 1979.
Deprivação e delinquência [1984], trad. Álvaro Cabral. São Paulo: Ubu Editora/WMF Martins Fontes, 2023.
Holding e interpretação [1986], trad. Sónia Maria T. M. de Barros. São Paulo: Martins Fontes, 1991.
Tudo começa em casa [1986], trad. Paulo Cesar Sandler. São Paulo, Ubu Editora/WMF Martins Fontes, 2021.
Bebês e suas mães [1987], trad. Breno Longhi. São Paulo: Ubu Editora, 2020.
O gesto espontâneo [1987], trad. Luis Carlos Borges. São Paulo: Martins Fontes, 1990.
Natureza humana [1988], trad. Davi Litman Bogomoletz. Rio de Janeiro: Imago, 1990.
Explorações psicanalíticas [1989], trad. José Octavio A. Abreu. C. Winnicott, R. Shepperd e M. Davis (orgs). Porto Alegre: Artmed, 1994.
Falando com pais e mães [1993], trad. Heci Regina Candiani. São Paulo: Ubu Editora/WMF Martins Fontes, 2023.
Pensando sobre crianças [1996], trad. Maria Adriana V. Veronese. Porto Alegre: Artmed, 1997.

SOBRE O AUTOR

WINNICOTT NA UBU
CONSELHO TÉCNICO Ana Lila Lejarraga, Christian Dunker, Gilberto Safra, Leopoldo Fulgencio, Tales Ab'Sáber

O brincar e a realidade
Bebês e suas mães
Tudo começa em casa
Da pediatria à psicanálise
Processos de amadurecimento e ambiente facilitador
Família e desenvolvimento individual
Consultas terapêuticas em psiquiatria infantil
Deprivação e delinquência
Falando com pais e mães
Natureza humana

Título original: *Talking to Parents*

© The Winnicott Trust, 1993
© Ubu Editora, 2023

EDIÇÃO Gabriela Naigeborin
PREPARAÇÃO Débora Donadel
REVISÃO Cristina Yamazaki
FOTO DA CAPA E PP. 2–3 Nino Andrés
MODELO DE MÃOS Jorge Wisnik
TRATAMENTO DE IMAGEM – CAPA E ABERTURA Carlos Mesquita
PRODUÇÃO GRÁFICA Marina Ambrasas

EQUIPE UBU
DIREÇÃO EDITORIAL Florencia Ferrari
DIREÇÃO DE ARTE Elaine Ramos; Júlia Paccola,
 Nikolas Suguiyama (assistentes)
COORDENAÇÃO GERAL Isabela Sanches
COORDENAÇÃO DE PRODUÇÃO Livia Campos
EDITORIAL Bibiana Leme, Gabriela Ripper Naigeborin
COMERCIAL Luciana Mazolini, Anna Fournier
COMUNICAÇÃO / CIRCUITO UBU Maria Chiaretti,
 Walmir Lacerda, Seham Furlan
DESIGN DE COMUNICAÇÃO Marco Christini
GESTÃO CIRCUITO UBU / SITE Cinthya Moreira e Vivian T.

1ª reimpressão, 2024

Dados Internacionais de Catalogação na Publicação (CIP)
Elaborado por Vagner Rodolfo da Silva – CRB-8/9410

W776c Winnicott, Donald W. [1896–1971]
Falando com pais e mães / Donald W. Winnicott; Título original: *Talking to Parents*. Organizado por Christopher Bollas, Madeleine Davis e Ray Shepherd. Traduzido por Heci Regina Candiani/Conselho técnico: Ana Lila Lejarraga, Christian Dunker, Gilberto Safra, Leopoldo Fulgencio, Tales Ab'Sáber/São Paulo: Ubu Editora/WMF Martins Fontes, 2023. 160 pp.
ISBN UBU 978 85 712 6 145 7
ISBN WMF 978 85 469 0 516 4

1. Psicologia. 2. Psicologia infantil. 3. Mães e pais.
4. Cuidado de crianças. 5. Desenvolvimento do bebê.
6. Família. I. Candiani, Heci. II. Título. III. Série.

2023-3437   CDU 150   CDD 159.91

Índice para catálogo sistemático:
1. Psicologia 150 2. Psicologia 159.9

EDITORA WMF MARTINS FONTES LTDA.
Rua Prof. Laerte Ramos de Carvalho, 133
01325 030 São Paulo SP
11 3293 8150
wmfmartinsfontes.com.br
info@wmfmartinsfontes.com.br

UBU EDITORA
Largo do Arouche 161 sobreloja 2
01219 011 São Paulo SP
ubueditora.com.br
professor@ubueditora.com.br
/ubueditora

FONTES Domaine e Undergroud
PAPEL Pólen bold 70g/m²
IMPRESSÃO E ACABAMENTO Margraf